Sobre o que nos perguntam os grandes filósofos – Vol. II

Leszek Kołakowski

Sobre o que nos perguntam os grandes filósofos

Vol. II

Tradução de
Tomasz Lychowski

CIVILIZAÇÃO BRASILEIRA

Rio de Janeiro
2009

Copyright © Leszek Kołakowski
Os direitos morais do autor foram assegurados

Título original em polonês
O co mas pytaja wielcy filozofowie?

Projeto gráfico
Evelyn Grumach e João de Souza Leite

CIP-BRASIL. CATALOGAÇÃO-NA-FONTE
SINDICATO NACIONAL DOS EDITORES DE LIVROS, RJ

Kołakowski, Leszek, 1927-2009
K85s   Sobre o que nos perguntam os grandes filósofos,
v.2   volume 2 / Leszek Kołakowski; tradução Tomasz Lychowski. – Rio de Janeiro: Civilização Brasileira, 2009. 3v.

Tradução de: O co nas pytaja wielcy filozofowie?
ISBN 978-85-200-0847-8

1. Filosofia antiga – Obras populares. 2. Filosofia medieval – Obras populares. I. Título.

09-5284
CDD: 100
CDU: 1

Todos os direitos reservados. Proibida a reprodução, armazenamento ou transmissão de partes deste livro, através de quaisquer meios, sem prévia autorização por escrito.

EDITORA AFILIADA

Texto revisado segundo o Novo Acordo Ortográfico da Língua Portuguesa.

Direitos desta tradução adquiridos pela
EDITORA CIVILIZAÇÃO BRASILEIRA
Um selo da
JOSÉ OLYMPIO EDITORA
Rua Argentina 171 – 20921-380 – Rio de Janeiro, RJ –
Tel.: 2585-2000

PEDIDOS PELO REEMBOLSO POSTAL
Caixa Postal 23.052 – Rio de Janeiro, RJ – 20922-970

Impresso no Brasil
2009

Sumário

O que pretendo com estes breves ensaios?   7

Santo Tomás de Aquino   9
Guilherme de Ockham   23
Nicolau de Cusa   37
René Descartes   49
Baruch Espinosa   61
Gottfried Wilhelm Leibniz   73
Blaise Pascal   85
John Locke   99
Thomas Hobbes   113
David Hume   125

O que pretendo com estes breves ensaios?

Ao iniciar esta série de breves ensaios sobre os grandes filósofos, sobre pessoas que abriram novos caminhos do pensamento para as gerações que se seguiram, devo esclarecer que não é meu objetivo apresentar um resumo da história da filosofia; tampouco se trata de um manual sucinto, de uma enciclopédia ou de um dicionário. Os estudantes que pretendessem fazer os seus exames baseados nestes breves ensaios se decepcionariam: seriam reprovados. Existem ótimos manuais, dicionários e enciclopédias. Não pretendo fazer "um resumo" de Platão, de Descartes ou de Husserl; isso seria uma pretensão ridícula. Gostaria de falar sobre os grandes filósofos de tal modo que me permitisse extrair de cada um apenas um pensamento, relevante por si mesmo, pensamento que constituísse um dos filmes da casa que construiu, mas que também seja compreensível para nós e que desperte algo em nossa mente, que não seja apenas uma informação histórica. Tentarei finalizar cada ensaio com uma pergunta dirigida a todos os leitores, uma pergunta recolhida do pensamento desse filósofo, uma pergunta que continua válida e que continua sem uma resposta clara.

A ordem das palestras é cronológica, com raras exceções, mas pretendo falar sobre o pensamento de grandes homens e não como eles se inscreveram na história da humanidade, quais eram seus parentes ou como era sua vida (a menos que isso seja importante para compreender seu pensamento). Quanto a quem deve ser considerado um grande filósofo, como fazer tal escolha no meio dessa multidão? Não haverá provavelmente concordância total daqueles que se interessam pelo tema. Todavia haverá uma concordância parcial. Fico, portanto, com a minha escolha e não tenho fôlego para polemizar com aqueles que argumentarão "não é esse que é grande, mas aquele". Pretendo escolher no total trinta filósofos.

Santo Tomás de Aquino
1225-1274

Nenhum outro filósofo de nossa era teve tantos seguidores e tão fiéis defensores como Santo Tomás de Aquino. Alguém pode ser chamado de kantiano ou de platônico por causa de um pensamento específico que tenha herdado desses grandes (por exemplo, acredita que existam *juízos sintéticos a priori* ou ainda relações matemáticas independentes do nosso pensamento); dificilmente, porém, haverá quem adote integralmente e considere como própria a filosofia de Kant ou de Platão. No caso de Tomás de Aquino, entretanto, muitos há que se identificam com todo o corpo de sua obra, e, entre eles, destacam-se pensadores notáveis. Trata-se, aqui, de um aspecto institucional, pois o tomismo tem na Igreja Católica a reputação de ser uma doutrina que, melhor do que qualquer outra, serve para confirmar e fortalecer a herança cultural católica. A ordem dos dominicanos considerou-a sua doutrina oficial logo após a morte do mestre (embora os franciscanos tivessem proibido a leitura da *Suma teológica* sem anotações e correções), e Leão XIII, ao ser eleito papa, não apenas elogiava os benefícios da filosofia no fortalecimento da fé, mas recomendava estudos dedicados ao pensamento de Santo Tomás, príncipe dos filósofos, como seu principal instrumento.

Evidentemente a filosofia cristã pressupõe os dogmas da fé, mas, ao contrário da teologia, não os considera pontos de partida de sua argumentação, que deve ser intelectualmente independente. A ordem da fé e a ordem da ciência são diferenciadas, porém essa diferenciação era concebida de vários modos no pensamento cristão da Idade Média. Alguns separavam de tal forma esses campos que chegavam a não ter nada em comum entre si, como os que afirmavam até que a nossa razão deve guiar-se por regras próprias, mesmo que chegue a conclusões contrárias aos dogmas, sem procurar conciliar teorias contrárias, mas professando ambas ao mesmo tempo. Outros, de acordo com a tradição enraizada em algumas correntes cristãs, reprovavam sem exceção a filosofia e a ciência laica como brincadeiras pecaminosas, pois tinham certeza de que disso somente poderiam advir prejuízos à fé. Por outro lado, aqueles que exigiam que se aceitasse dos dogmas apenas aquilo que passasse no teste da razão laica não pertenceriam, é claro, ao espaço espiritual cristão, mas à história do Iluminismo.

Tomás de Aquino não envereda por nenhum desses três caminhos. A ele importa o que importava também a todos os pensadores cristãos: visto que o homem participa de duas ordens, a temporal e a eterna, já que é um ser carnal, supõe-se, no entanto, que sua principal preocupação deva ser a alma, pois vive no mundo sensível. Sua pátria é propriamente a pátria celeste, a fonte de sua luz é a fé nas questões mais importantes, pois pertence a diferentes comunidades terrenas e participa da história laica, embora também pertença à Igreja, ao Corpo Místico de Cristo e tenha sua participação na história santa. Daí a questão: como se relacionam essas duas ordens da nossa existência?

Toda a obra de Santo Tomás consiste na reabilitação da ordem natural, temporal, embora ela esteja sempre subordinada à ordem eterna, aos desígnios de Deus. Contrariamente à tradição agostiniana, o homem não pode ser definido como uma alma cujas ações não dependem do nosso contato sensível com o mundo. O homem é um ser complexo, a alma e o corpo são componentes do nosso ser. A alma racional constitui a forma do corpo humano (essa doutrina foi oficialmente aceita pela Igreja) e nessa complexa forma espiritual-corporal temos a plena essência humana. O fato de sermos seres corpóreos não significa que isso seja uma questão secundária, ou acidental, ou vergonhosa, mas algo que codefine a nossa essência. É, portanto, natural que devamos nos preocupar com a nossa vida física e com os bens materiais, embora seja claro que os bens espirituais têm, nesse contexto, a sua precedência; os materiais são instrumentos do espírito. O espírito provê tudo o que temos: o corpo, a vida e capacidade intelectual.

Uma postura semelhante é-nos revelada em todos os componentes dessa gigantesca, dessa impressionante construção que constitui o universo intelectual de Tomás de Aquino: o natural é bom, não merece de modo algum o menosprezo ou a reprovação, pois é um bem instrumental em comparação com o bem mais alto. Um não é separado do outro, também não é independente, ambos coexistem e codefinem a nossa vida e a vida do mundo, embora sempre subordinados. Nossos objetivos terrenos não devem ser desprezados, mas estabelecidos em uma ordem hierárquica, subordinados a nossos objetivos eternos. O mundo criado é bom, Deus o criou, mas não o fez igual a Ele; Deus usa o mundo criado como um instrumento para fazer o bem. E o criou de todo, já que Ele não poderia sofrer nenhuma carência, não poderia sentir nenhuma necessidade de algo diferente, visto que plenamente satisfeito em sua plenitude e em sua perfeição. Também em Tomás, vamos encontrar uma bela resposta: o bem tem a inclinação inata para se expandir e para criar mais bem.

Um princípio similar — uma dualidade de subordinação — está presente na abordagem de Aquino da relação entre a revelação e o conhecimento obtido do mundo natural. O conhecimento natural é digno de ser praticado e é digno de louvor, mas fé e razão não estão totalmente separadas com relação ao seu objeto. Ambas têm um certo âmbito comum. Em outras palavras, certas verdades que conhecemos pela fé podem também encontrar sua comprovação independentemente da fé pelo instrumental da razão natural. Podemos, portanto, oferecer argumentos racionais a favor da existência e de diversos atributos de Deus.

Todavia muitas verdades de fé ultrapassam a capacidade racional do pensamento leigo, por exemplo, aquelas que se referem à Santíssima Trindade. Também a afirmação de que o universo tem seu início no tempo somente pode ser aceita a partir da Revelação. É impossível provar isso através de meios naturais do intelecto. É evidente também que, para nós, a Revelação sobrenatural não contém toda a ciência possível e disponível. As ciências laicas, independentes da Revelação, são, portanto, necessárias e devem ser praticadas. Sua subordinação consiste, em primeiro lugar, em um controle negativo. Quando a razão funciona segundo suas próprias regras, independentemente da Revelação, ela nunca estará em contradição com a Revelação. Por outro lado, na hierarquia dos objetivos, a razão laica tem que ter sempre em mente que a ciência natural não representa um objetivo em si mesma; é apenas instrumental, necessária para servirmos a Deus e a seus desígnios eternos em relação a nós.

De forma semelhante se afigura a relação entre a comunidade laica e a Igreja, guardiã dos bens eternos. Nesse caso, a ordem consiste em que o Estado, o poder civil, tem uma autonomia relativa. Não cabe à Igreja fazer a vez de Estado, ela não pretende ser teocrática, mas tem autoridade em todas as questões que dizem respeito à moral, ao culto religioso, à salvação.

O tomismo não pretende, portanto, destruir ou condenar a vida laica, quer apenas que o cristianismo a assimile, que a considere boa, a santifique e perceba nela uma grande parcela, relativamente autônoma, da ordem estabelecida pelos desígnios de Deus. A história laica e a história da Salvação não são de todo independentes, pois, embora a história da Salvação, como história da criação, da redenção e da libertação do homem, ultrapasse, em seus pontos principais, a história laica, esta poderá colaborar com a história da Salvação, apoiando-a e, de certo modo, carregando em seus ombros seus tesouros, deles esperando luz e indicações quanto ao objetivo final.

No tomismo moderno, semelhantes diferenciação e hierarquização são feitas nas questões que dizem respeito ao indivíduo, participante da sociedade, e à pessoa humana, que faz parte do plano da salvação e que, como ser único, irrepetível, cujo valor infinito ultrapassa os liames e os relacionamentos da vida comunitária. Nota-se nisso também a reabilitação da ordem natural e da teologia natural, visto que a reflexão sobre verdades de fé é feita por meio de instrumentos da razão laica comum, que começa justamente na própria natureza, em nosso contato sensível com o mundo.

Todos os cinco caminhos que em Tomás de Aquino nos levam ao conhecimento de Deus têm, como ponto de partida, verdades que podemos estabelecer pela observação da natureza, e não o contrário. Esses caminhos nos revelam Deus não em sua perfeição independente e autorreferente, mas em sua relação com o mundo criado, ou seja, como Criador: 1) como fonte do movimento; 2) como a causa primeira, como o autor de tudo; 3) como o ser mais perfeito; 4) como o arquiteto da intencionada ordem do universo; 5) como o único ser necessário — porquanto todas as coisas criadas são acidentais, podendo não existir. Tais caminhos ou argumentos foram às vezes criticados, mas não é disso que trataremos em nosso olhar fugidio sobre esse enorme edifício, e sim de diferenciar justamente esse caminho da natureza para Deus como uma via real do pensamento. De Deus sabemos somente o que sabemos das consequências que seu Ser causa no universo.

Todos os caminhos, ou vias de reconhecimento de Deus, nos falam da participação das coisas na ordem divina, remetem-nos à causalidade natural. Tomás de Aquino recorre, para tanto, aos raciocínios de Aristóteles e, por vezes, de Avicena ou Maimônides, que lhe eram familiares. Tendo em vista que não há em Deus nada que não seja Ele mesmo, nada que não possa não existir, nenhuma de nossas palavras consegue relacionar-se com Deus e com as coisas criadas. Nesse sentido, nem mesmo a palavra "é".

Todo o nosso conhecimento natural, devemo-lo à percepção. Como conhecemos vários objetos no mundo, é-nos possível também identificar as próprias atividades perceptivas e, graças a elas, conhecermo-nos. Não me é possível ter uma intuição direta de mim mesmo. Somente posso conhecer-me graças ao conhecimento que tenho do mundo exterior. De modo semelhante, o conhecimento abstrato deriva da percepção. Isso porque sabemos descobrir nas coisas materiais o que nelas é imaterial, sua forma.

Diante dessa fé, a pergunta que se apresenta e sempre se apresentou, de modo natural, é a presença do mal. Tomás de Aquino aceita, genericamente, a resposta de Agostinho: em si mesma a existência é boa, o mal não tem existência, mas representa sua ausência, Deus somente o permite para tirar dele um bem maior. O mal é a ausência do que deveria ser: não é mau o homem não possuir asas, mas não ter um braço é mau. Não observamos, todavia, em Tomás de Aquino essa fé tão característica para Agostinho da onipresença do mal moral que penetra todos os níveis da nossa existência. Nele não há também a convicção de que, depois do pecado original, a vontade humana está apta apenas para o mal, se ela não for conduzida pela gratuita e irresistível graça de Deus. Tomás de Aquino acredita que, na ordem dos seres, cada um está onde deveria estar, e o lado demoníaco da vida humana não o interessa demasiadamente.

Dificilmente alguém duvidará que Tomás é uma das mais poderosas colunas da cultura filosófica europeia, mas a filosofia mudou tanto desde o século XIII, alterou tanto sua linguagem e a maneira de questionar, que, embora haja muitos tomistas, o tomismo não é mais uma força inspiradora e instigadora fora do círculo de seus seguidores.

A seguir três perguntas que o sábio Tomás de Aquino nos faz:

A afirmação de que a existência em si mesma é boa poderia ter para nós um significado adicional, além de nos assegurar que tudo foi criado por Deus?

Se o bem tem a propensão natural de se expandir — o que explica a criação do mundo por Deus —, o mesmo se poderia dizer com respeito ao mal, e, nesse caso, quais seriam as consequências dessa doutrina?

Seria correto o seguinte raciocínio: as coisas que são objeto da nossa experiência são acidentais, poderiam não existir, ou seja, não existiram anteriormente; um dia não existiram e, portanto, tiveram que ser criadas pelo ser que não pode não existir, ou seja, pelo ser necessário, divino?

Guilherme de Ockham
c.1300-c.1349

A reputação e a grande fama de Guilherme de Ockham, ou simplesmente Guilherme Ockham, como alguns o chamam, deixando de lado a preposição referente à aldeia inglesa onde supostamente ele nasceu, baseiam-se em dois títulos. Esses dois títulos estreitamente ligados são, em primeiro lugar, sua radical e multifacetada defesa da doutrina do nominalismo e, em segundo lugar, o instrumento chamado de "navalha de Ockham". Essa navalha é um princípio citado amiúde em sua versão não muito precisa, embora ela esteja de acordo com o espírito dessa filosofia: "não se deve multiplicar os entes além do necessário"; a versão ao pé da letra é a seguinte: "não se deve estabelecer a multiplicidade acima da necessidade". Trata-se de uma regra de pensamento semelhante ao que posteriormente se chamou de "regra da economia", e que encontramos em diversas fórmulas na filosofia moderna. Essa regra ataca alguns ramos da filosofia e da teologia escolástica, que preenchiam seu mundo com elucubrações desnecessárias ou produziam diversas leis teológicas pouco fecundas e ainda menos fecundas leis físicas. Ockham não foi o primeiro criador desse princípio; Tomás de Aquino o cita como argumento — em seguida derrubado — da não existência de Deus (se é possível explicar o mundo sem Deus, este não é necessário).

Ockham tratou de muitas questões. Foi certamente o mais excelso pensador do século XIV, revelando-se, entre outras coisas, um excelente e sutil lógico. Aqui, no entanto, examinaremos as questões relativas ao nominalismo e a suas consequências. Vamos deixar de lado seus escritos antipapais, bem como sua participação na querela franciscana sobre a pobreza.

O nominalismo é uma postura que poderíamos apresentar como uma doutrina metafísica ou como uma regra do pensamento. Aqueles que o adotam afirmam que todos os nomes se referem apenas a objetos particulares, dos quais falamos, e não a outras coisas. O conteúdo do nome "homem" se refere a pessoas particulares; o conteúdo do nome "folha", a cada folha separadamente; o conteúdo do nome "amarelo", a cada objeto de cor amarela. Evidentemente fazemos uso de abstrações, mas seus correspondentes no mundo real não são entes gerais ou universais (que têm uma existência independente ou inerente às coisas), mas justamente os concretos. Não existem universais, conceitos abstratos, dos quais os filósofos amiúde falavam. A querela envolvendo os universais atravessa quase ininterruptamente toda a história da filosofia, desde os antigos gregos até o século XX (Bertrand Russell, por exemplo, afirmava que o nominalismo é uma doutrina sem nenhum respaldo, mas o filósofo polonês Tadeusz Kotarbinski era um nominalista radical.) O sentido e o contexto, tanto filosófico quanto ideológico, do nominalismo e do seu contrário (chamado "realismo" num dos inúmeros sentidos dessa palavra, realismo conceitual) costumavam ser bastante diversificados, mas aqui, concentramo-nos em sua versão clássica do século XIV. A generalidade é uma peculiaridade da linguagem, não das coisas, e se as coisas são, sob certos aspectos, semelhantes (por exemplo, todas as coisas de cor amarela) não se deve dizer que a "amarelidade" tem uma existência independente e tampouco que a "amarelidade" é inerente às coisas amarelas como uma natureza ou essência comum. Esse tipo de formulação nos conduz a especulações estéreis, que em nada contribuem para aumentar nosso conhecimento. Aquilo que verdadeiramente sabemos está baseado no que experimentamos diretamente, e experimentamos diretamente tanto as coisas que vemos e tocamos como também nossas próprias percepções espirituais, ou seja, justamente o que vemos ou queremos. Não há, todavia, nesse vivenciar, nenhum ser qualitativo, embora, é claro, amiúde expressemos nosso conhecimento em termos qualitativos, dizendo, por exemplo, "o homem é um animal" ou "a bananeira cresce mais depressa do que o flamboyant". Nossa mente é capaz de conservar o que tem um sentido geral, o que têm em comum diferentes objetos, mas isso não nos diz nada sobre a existência ou a não existência desses objetos. A crença nos universais consistiria em uma multiplicação enganosa da única realidade, aquela que conhecemos, ou seja, a que faz parte da nossa experiência e é a ela acessível. Da mesma forma, a tradicional diferenciação entre o ser e a existência não faz sentido, pois não é o caso de algo que não existe mas que está conectado à existência. Da mesma forma, o alvitre de que a propriedade antecede o objeto singular. Se aquilo que é geral existisse antes do singular, seria ele mesmo um ente singular, ou seja, uma contradição encarnada.

A fé na experiência direta como a única fonte fidedigna do nosso conhecimento do mundo tem, obviamente, suas consequências teológicas. Não conhecemos Deus por meio de uma experiência direta como conhecemos o mundo físico. O mundo físico é simplesmente um fato e, como cada fato, incidental. Tanto a prova ontológica da existência de Deus de Anselmo como os argumentos de Santo Tomás não são corretos. Os argumentos de Tomás de Aquino estão todos baseados na experiência, no que acontece no mundo. Não encontramos, todavia, na experiência direta algo como os graus da perfeição ou as causas últimas e *causa finalis*. Parece, portanto, que a teologia natural, ou seja, aquela parte da filosofia que lida com temas teológicos, não é fidedigna.

Ockham, certamente, adere à fé cristã, compreendida como um corpo de verdades reveladas por Deus; ele não acredita, porém, que seja possível comprovar essas verdades racionalmente. Sua filosofia abre, portanto, um abismo intransponível entre o conhecimento natural e a fé. É-nos permitido supor que há algo que poderíamos chamar de regularidade na natureza; embora cada fato seja acidental, existe na sequência desses fatos uma certa norma. Essas normas não são, contudo, totalmente garantidas, pois Deus tem o poder de sustá-las a qualquer momento ou até mesmo de revogá-las. Deus é absolutamente onipotente. Ele pode fazer acontecer tudo que não seja contraditório em si mesmo. O mundo é do jeito que é, mas não existe necessariamente; é assim, porque a vontade libérrima de Deus o criou desse jeito, e essa vontade poderia ser totalmente diferente. O homem também tem a vontade livre: afinal, é graças a isso que suas ações podem ser boas ou más. Mas se as ações humanas não são predeterminadas, e dependem de uma escolha livre, como pode Deus conhecê-las de antemão?

Da argumentação complexa do tratado, dedicado especialmente a essa questão, parece resultar que, embora devamos aceitar ambas as verdades — sobre a onisciência divina e sobre o livre-arbítrio do homem —, neste nosso viver terreno jamais conseguiremos entender como essas verdades podem conciliar-se. É preciso acreditar no que a Revelação nos ensina, pois as verdades reveladas não são evidentes. Aceitar a onipotência divina, por nada limitada, exceto pelo princípio da não contradição, leva a resultados que podem nos parecer inquietantes ou até mesmo apavorantes. Deus nos deu ditames morais, mas eles provêm de uma decisão arbitrária. Se Deus quisesse, poderia dar-nos mandamentos contrários aos que conhecemos. Então, ações contrárias a eles seriam de nossa obrigação, e o cumprimento das exigências do Decálogo, um pecado. Deus, portanto — Ockham não o diz com essas palavras, mas o sentido do seu argumento parece ser esse mesmo —, não nos manda fazer algo, ou o proíbe, porque seja bom ou mau; pelo contrário, nossas ações é que se tornam boas ou más porque Deus as ordena ou proíbe.

A questão é, evidentemente, um problema tradicional e Ockham não foi o primeiro a sustentar e a concluir, com base na premissa da onipotência divina, que as leis morais são estabelecidas por decreto divino. O Deus de Ockham é, na realidade, o Deus de Santo Agostinho. Da onipotência divina resulta também que Ele não tem obrigações morais com relação aos seus súditos. Não se pode garantir que alguém que tenha cumprido escrupulosamente todos os mandamentos de Deus seja inevitavelmente salvo ou que o pior dos pecadores seja inevitavelmente condenado. Tudo depende da irrevogável vontade divina, que a ninguém deve obediência e não está sujeita a nenhuma regra.

Vale a pena lembrar que dessas mesmas premissas relativas à experiência como única fonte do conhecimento natural e de um Deus absolutamente livre e onipotente, alguns nominalistas tiravam conclusões ainda mais radicais, que Ockham talvez não tenha chegado a explicitar, embora às vezes nos pareça que as tenha sugerido. Nicolau de Autrecourt, um nominalista parisiense contemporâneo de Ockham, foi condenado como herético por várias opiniões filosóficas. (Suspeitou-se do próprio Ockham, que, convocado à corte papal em Avignon, onde seu caso foi estudado por longo tempo, escapou da condenação e se refugiou na corte de Ludovico da Bavária. Ockham foi excomungado, mas não por imprecisões filosóficas e sim por seus ataques à Igreja.) Entre os cinquenta erros de Nicolau havia a asserção de que não podemos ter certeza quanto a nenhuma substância, a não ser a da nossa alma. E que, com exceção da certeza da fé, a única certeza que podemos ter é a certeza do princípio da não contradição. Que desconhecemos se há efeitos que provêm de causas naturais, pois Deus pode ser a causa de tudo e não há como demonstrar que o que se nos apresenta é real.

O nominalismo radical e o empirismo, do qual Ockham era na época o mais destacado propagador, levavam, em última análise, à convicção de que de fato conhecemos tão somente as nossas próprias percepções; que, portanto, não sabemos se além disso existe algo realmente. Deus poderia ter determinado e pode determinar que tudo aquilo que se nos afigura existente na realidade não existe. Também não há provas de que ocorre uma causalidade natural e não há uma teologia natural fidedigna, embora haja a revelação, na qual nos cabe confiar.

Para entender o nominalismo do século XIV é importante ter em mente que essa doutrina é considerada uma fonte significativa da Reforma do século XVI. Lutero foi um discípulo dos nominalistas. A relação entre essas duas doutrinas é a seguinte: o nominalismo estabeleceu a separação entre a religião e a razão, entre o que é divino, por um lado, e a vida laica e a ciência laica, pelo outro. Todas as coisas e todos os acontecimentos são radicalmente contingentes. Em si mesmos não são nada, não mais que a obra arbitrária da vontade do Criador. De modo semelhante, devemos obedecer aos mandamentos morais não porque sejam bons em si mesmos mas porque foram decretados por Deus. A Sagrada Escritura é a única *summa* do conhecimento acerca das coisas divinas, e não as especulações teológicas ou filosóficas, que são inúteis e dignas de desprezo. E, já que temos a palavra revelada, não precisamos de outro apoio, não é necessária, de modo particular, a tradição da Igreja como fonte à parte de sabedoria. Devemos prostrar-nos diante de Deus e de sua palavra e não procurar o reconhecimento de pretensos merecimentos nossos com a esperança de que nos salvariam.

Todavia a conexão entre o nominalismo e a Reforma não é sinonímica. Os escritos de John Wycliffe, filósofo de Oxford da segunda metade do século XIV, são, por exemplo, considerados uma fonte importante da ideia da Reforma, e ele se colocava contra o nominalismo, tanto do ponto de vista teológico (o nominalismo contradiz o dogma da Santíssima Trindade) como também do ponto de vista filosófico (porquanto em sentenças verdadeiras nós afirmamos algo sobre coisas, portanto expressões predicativas, ou as propriedades gerais, precisam ter o seu correspondente na realidade), bem como por razões morais (o nominalismo, ou seja, a negação de uma natureza humana comum, encoraja o egoísmo). A história de como as diversas doutrinas em teologia e em filosofia influenciaram-se mutuamente é extremamente intrincada e complexa.

Seguem-se algumas perguntas que Ockham nos sugere:

De acordo com o princípio do nominalismo, o que é, por exemplo (indagam seus críticos), um concerto de Chopin? Seria um pedaço de papel coberto de notas musicais? Ou é, talvez, algo que ocorreu na mente de Chopin? Ou, talvez, cada execução particular desse concerto?

Da absoluta onipotência divina, de fato, resulta que todas as regras morais que Ele nos revelou constituem seu decreto arbitrário e que não faz sentido afirmar que elas são boas em si mesmas, independentemente do fato de terem sido decretadas por Deus?

Presumindo que Deus, em sua onipotência, pode fazer com que tudo o que experimentamos e que se nos afigura real seja apenas ilusório, então em que se diferenciaria o mundo, tal como existe, real, mas idêntico em conteúdo, do mundo da nossa percepção? Como poderia a realidade ser descrita para distingui-la da ilusão?

Nicolau de Cusa
1401-1464

Poderíamos, polemicamente, indagar se Nicolau de Cusa (*Cusanus*) é um escritor do final da Idade Média ou se já é um homem pertencente à Renascença. Mas, qualquer que seja a resposta, ela em pouco contribuirá para melhorar nosso entendimento do pensamento de seu autor. Com certeza, foi a mente mais penetrante do século XV. Respaldando-o, estava a tradição especulativa da mística neoplatônica, cristã ou pagã: Plotino, Proclo, Pseudo-Dionísio, Anselmo e Eckhart. Ele se interessava sobretudo pelos paradoxos estranhos e pelas contradições que surgiam nas reflexões sobre como o finito e o infinito convivem. Deus é o infinito e o finito, e o são também as criaturas, como as grandezas infinitas e finitas em matemática. Assim, Cusa desenvolvia a ideia, inculcada na cultura europeia pelos pitagóricos, segundo a qual as ideias matemáticas e místicas tinham um aspecto simbiótico e se apoiavam mutuamente. Mais tarde, entre os pitagóricos antigos, Proclo, de modo particular, enveredaria por esse caminho. Os textos de Cusa pertencem ao domínio da mística especulativa, ou seja, daquela que medita sobre a estranha unidade entre o finito e o infinito, mas sem falar de uma experiência pessoal do divino. No entanto, Nicolau de Cusa tinha suas experiências místicas particulares. Sua obra mais importante e mais conhecida — *Da douta ignorância* —, ele a escreveu, como relata, graças a uma iluminação especial que Deus lhe concedeu, quando voltava de navio de Constantinopla.

Douta ignorância é uma expressão que repercute a famosa frase de Sócrates "Sei que nada sei", mas inserida no contexto específico da meditação sobre as coisas de Deus na experiência cristã. No diálogo sobre *O Deus escondido*, um cristão, debatendo com um pagão, diz que ele adora um Deus desconhecido. Aquele que afirma que possui o conhecimento de Deus, ou o conhecimento de um modo geral, qualquer que seja, é louco. A verdade é uma só e há uma unidade, presente em tudo, como o número um está presente em cada cifra, e essa verdade indizível e intransponível é o próprio Deus. Deus não tem nome, portanto não é o nada, pois o "nada" tem nome, justamente o "nada". Também não é algo, pois o algo não pode ser tudo, mas está acima do algo e do nada. Já que tudo Dele provém, não pode ser considerado mais isso do que aquilo. Nicolau de Cusa se expressa, às vezes, como o fazem os sábios budistas: sobre Deus não se pode afirmar que possui um nome e tampouco que não o tem, nem um nem outro. Nem mesmo o ser pode lhe ser atribuído, pois Ele é a origem de todos os princípios do ser e do não ser. Sua absoluta simplicidade antecede tudo aquilo que pode ou não pode ser nomeado.

O ser absoluto escapa, portanto, de todo o poder e de todo o cabedal da linguagem humana. Apesar disso, Nicolau de Cusa se assemelha nessa matéria a outros filósofos que seguem a mesma orientação. Ele não pode contentar-se somente com essa negação, com a qual, se fosse consequente, se obrigaria a silenciar. Ao falar de Deus, ele de algum modo procura dar voltas em torno do grande mistério, sem no entanto fingir que o pode desvendar. Nossa razão também é débil em suas tentativas de absorver o absoluto, porque se habituou a confiar no princípio da não contradição. Todavia, quando falamos daquilo que é infinito, outro princípio se faz necessário: a convergência dos contrários. Em Deus convergem todos os opostos. Ele é o maior possível daquilo que pode existir, porquanto nada o pode superar. Ele, porém, não pode também tornar-se menor do que é. E mais, Ele, em sua plenitude, está em tudo o que existe. Ele é, portanto, o máximo e o mínimo ao mesmo tempo e não se pode dizer Dele que poderia, ou pode, em qualquer circunstância ou aspecto, ser diferente do que é. A passagem da potência ao ato não se aplica a Deus. Ele é atualidade realizada. Uma vez que tudo Nele existe, Ele é a "contração" de tudo, e como Ele está em tudo, Ele é também a "expansão", ou a manifestação de tudo, sem que sua absoluta unidade sofra com isso. Também o universo representa uma unidade, no qual tudo está em tudo — não no sentido de que todas as suas partes ajam mutuamente uma sobre a outra, mas no sentido de que, nessa ligação universal, cada coisa se torna o universo, embora, obviamente, isso seja para nós invisível e escape ao nosso entendimento. A razão conhece as coisas finitas e diferenciadas e do finito não há como passar para o infinito. Acima da razão há, no entanto, um poder espiritual superior — o intelecto; e é justamente ele que conhece a convergência dos contrários.

Podemos compreender a incomensurabilidade do finito e do infinito quando estudamos os objetos matemáticos. Quando um polígono está inserido em um círculo, entendemos que, ao multiplicar muitos lados, aproximamos cada vez mais o polígono do círculo, porém não será possível fazer isso dando um número determinado de passos: a passagem de um para o outro somente acontece no infinito. De modo semelhante, quando mentalmente aumentamos a circunferência do círculo, percebemos que segmentos dela são cada vez mais parecidos com uma linha reta e, quando a circunferência se torna infinita, o círculo se torna uma linha reta. Da mesma forma, quando um lado do triângulo é infinitamente longo, ou seja, quando os demais lados também são infinitos e já que não pode haver muitos diversos infinitos, o triângulo se torna uma linha reta. Esse tipo de raciocínio nos oferece uma analogia — mas apenas uma analogia — para entendermos a relação entre Deus e o mundo.

Essas categorias — da contração e da expansão — se aplicam a todos os campos do ser: o movimento é a expansão do repouso, o repouso é a expansão do movimento, o tempo é a expansão da contemporaneidade etc. Aqui, no entanto, podemos constatar uma contradição na doutrina cusana. A nossa alma é tudo isso, o universo todo em estado de contração; o conhecer, por sua vez, é a expansão, ou manifestação, do que nele já existia — de acordo com a crença platônica. O conhecer é, portanto, por um lado, um movimento da unidade para a multiplicidade, como um movimento descendente, mas, por outro lado, um movimento para o que é atual, ou seja, como nos parece, um movimento para algo mais elevado.

Aqui, quem sabe, está a fonte da incoerência dessa filosofia: a unidade absoluta, não diferenciada, é a mesma coisa que a perfeição divina, a multiplicidade parece ser a sua negação. Porém quem poderá afirmar que, ao criar as coisas finitas e imperfeitas, Deus parece estar contradizendo a si mesmo? É preciso, no entanto, ter sempre em mente que o objetivo do conhecimento é uma ignorância autorreflexiva, e que o ser divino é o imemorial inatingível, e que Nele confluem os contrários e que as analogias matemáticas que Dele nos aproximam não passam de analogias. A aproximação mística com Deus já não é mediada por conceitos. Ela se torna possível graças a Jesus, o mediador entre o ser absoluto e o mundo. Essa aproximação com Deus, o homem não a conseguirá sozinho. Somente a comunidade eclesial a torna possível. Nicolau de Cusa, ao contrário de outros místicos cristãos anteriores ou posteriores a ele, livra-se da tentação de que pode estar na presença de Deus e Nele mergulhar, esquecendo todo o resto, ou seja, a Igreja, a hierarquia e os sacramentos. Todo o conhecimento intelectual das coisas de Deus, o quanto isso é possível, é secundário com relação à fé; de acordo com a tradição dos Padres da Igreja e com as várias sugestões que se possam extrair da Sagrada Escritura. A fé, segundo Nicolau de Cusa, é a fonte de qualquer entendimento, é a "contração" de todos os possíveis recursos intelectuais e estes, "a expansão" ou manifestação da fé. Ele afirma também a unidade da fé e da caridade, mas a validade dessa junção poderá, de uma perspectiva posterior, despertar dúvidas.

A encarnação do Filho de Deus, as duas naturezas do Salvador, o seu nascimento de uma virgem e a sua unicidade — tudo isso é descrito como a resultante inevitável daquelas verdades básicas sobre a arquitetura do ser, como a relação entre o ser absoluto e o mundo. Daí resulta, então, a impressão de que o perfil de Jesus Cristo pode ser logicamente deduzido da categoria da "contração" e da "expansão".

Por vezes, Nicolau de Cusa foi chamado de panteísta, porém a maioria dos historiadores católicos não concorda em lhe atribuir esse nome. A questão toda depende, evidentemente, da definição. Possivelmente o panteísmo não consiste na crença da onipresença divina no mundo, já que isso faz parte da ortodoxia cristã. Por outro lado, chamar o mundo de Deus é proclamar, segundo Hobbes, que Deus não existe. Também não se deve dizer que Deus está no mundo, porque a preposição "no" descreve uma certa relação espacial, e não é disso que se trata. Deus não pode estar no mundo da mesma forma que o leite está na panela. Sugiro que a palavra "panteísmo" —

criada no início do século XVIII — signifique a relação de uma dependência mutuamente necessária entre Deus e o mundo: o mundo não pode existir sem Deus e Deus, tampouco, sem o mundo, mas eles, o mundo e Deus, não são a mesma coisa.

Nicolau de Cusa, obviamente, não diz, de forma direta, que Deus não poderia existir sem o mundo das coisas finitas. Parece, no entanto, que seria difícil imaginá-lo de maneira diferente do Deus Criador. Nicolau de Cusa diz-nos que no Ser Supremo o ser, o agir e o criar são a mesma coisa e que, portanto, o criar é o mesmo que Deus, que é tudo. As páginas relativas à criação e à relação entre Deus e a criatura são as mais incômodas em sua obra *Da douta ignorância*. Parece, portanto, que nenhum de nossos instrumentos conceituais é capaz de captar Deus de outra forma que não como Deus Criador, e que a mencionada compreensão panteística de Deus é a única possível. Para falar a verdade, quanto às razões da criação, Nicolau de Cusa conserva a versão tradicional: Deus criou o mundo ("como querem as pessoas religiosas", ele sublinha misteriosamente, afinal ele próprio o é), para que este lhe seja obediente, para que a sua bondade seja conhecida e para que as criaturas o temam e se submetam ao seu julgamento. Dificilmente, porém, poderíamos imaginar que isso seria apenas um capricho Dele, que pudesse não acontecer. Resulta daí que o ato da criação pertence necessariamente ao ser divino e que, portanto, não há Deus sem as criaturas. Se isso é uma heresia, que os mais sábios o esclareçam.

Os argumentos de Nicolau de Cusa derivam amiúde do arsenal intelectual dos céticos. Ele também é um místico. Isso prova que o cético e o místico podem estar em um só indivíduo.

As perguntas que ele nos faz não procedem dele diretamente, mas podem ser extraídas de seus escritos.

Seria possível dizer que o universo criado, incluindo-se nele os seres humanos, enriquece Deus? Em que sentido devemos entender isso?

Pode o cristão acreditar em Deus e, ao mesmo tempo, afirmar que não sabe nada sobre Ele?

Podemos dizer que o conceito do ser finito nos é acessível graças ao fato de conhecermos o conceito do infinito?

René Descartes
1596-1650

Existe algo que possamos considerar certo, com uma certeza que não admita nem mesmo a sombra de uma dúvida? Descartes não foi o primeiro a lidar com essa questão, mas a natureza de sua resposta tornou-o um dos maiores mestres da filosofia europeia e provocou o que poderíamos chamar de uma divisão de águas cultural. Mesmo estando ele ainda vivo e, certamente, após a sua morte, da segunda metade do século XVII em diante toda mente filosófica teria que se definir tendo Descartes por referência, qualquer que fosse a atitude para com ele: de aprovação ou de crítica manifestamente hostil. Ele se tornou um ponto focal, um ponto de referência fundamental, tão inevitável como Kant o seria no século XIX.

Descartes é considerado — como se depreende de uma perspectiva ulterior — o iniciador do processo que amadureceria no Iluminismo, embora ele divergisse do Iluminismo francês clássico em tantos aspectos que, à primeira vista, fica difícil ver entre ambos alguma ligação.

Da primeira publicação de Descartes poderíamos concluir que precisamos de certeza para a realização de objetivos práticos. Por que desejaríamos tanta certeza? Ela nos proporcionaria o domínio sobre a natureza e, dessa forma, aumentaria nossa eficiência médica e técnica. Para tanto, devemos imitar aquelas ciências que já chegaram à máxima certeza, a saber, as matemáticas. Logo descobriremos, porém, que a certeza que nos interessa é uma certeza metafísica: uma certeza que, sem risco de erro, possa abranger o conhecimento de toda a realidade — Deus e o universo, a matéria e a alma. O objetivo seria encontrar o começo absoluto do conhecimento, o ponto de partida, imune ao erro e à dúvida. E, já que às vezes erramos, precisamos descobrir a origem do erro.

Quando sonhamos, observa Descartes em seu angustiante argumento, nossos sonhos se nos afiguram reais; não poderia, então, ocorrer que o que percebemos quando estamos acordados seria também uma espécie de sonho, uma imagem sem a sua correspondente realidade? Quem sabe, um gênio maligno nos ilude, enganando nossos sentidos com impressões falsas, levando-nos à perdição por razões que só ele conhece? Achamos que as nossas impressões são reais, mas elas podem ser ilusórias como o são nossos sonhos. Haveria algum modo de escapar das garras desse hipotético sedutor? Sim. Algo que o torna incapaz de me enganar. A saber, o fato de que ao experimentar isto ou aquilo, percebo e penso. Portanto, se penso, existo. E, quanto a isso, o mais poderoso dos gênios não me poderá enganar.

Esta fórmula — "Penso, logo existo" — tornou-se uma das ideias fundamentais para caracterizar a filosofia moderna. O "logo" foi posteriormente eliminado porque Descartes não queria que essa sentença fosse compreendida como uma inferência, um silogismo sem uma premissa maior. Não era para ser uma dedução, mas antes um irrefutável ato intuitivo: "Eu penso, eu sou." A palavra "penso" é usada em um sentido bem amplo, que abrange todos os atos mentais e toda a experiência, tanto a ação da vontade quanto a do pensar, em sentido estrito.

O que podemos fazer com essa descoberta e com suas consequências? De acordo com Descartes, muita coisa. Quando pondero sobre meus atos mentais, imediatamente noto que eles, e somente eles, constituem a minha essência, nada afora isso, inclusive o meu corpo, faz parte da minha essência. Daí posso inferir que a alma, algo pensante, não depende do corpo para a sua existência e, portanto, pode existir sem ele. Dessa forma, podemos demonstrar, em conformidade com a fé cristã, a imaterialidade da alma.

Mas isso não é tudo. Quando pondero sobre a minha natureza, a minha consciência, o eu pensante, a minha alma, chego à conclusão de que ela contém a ideia sobre o ser mais perfeito, ou seja, a ideia de Deus. Já que eu mesmo não sou perfeito (o próprio fato de duvidar é prova disso, se alguma prova fosse necessária), não poderia ter tido essa ideia por mim mesmo, portanto não se trata de uma ilusão da minha imaginação. Concluo então que essa ideia deve ter sido implantada em minha mente por esse Ser perfeito ou por Deus. Portanto, Deus existe. (Outro argumento de Descartes é semelhante à prova ontológica de Anselmo: a existência é uma espécie de perfeição, consequentemente, por definição, o ser mais perfeito deve existir.)

A existência de Deus leva-nos a conclusões que podem constituir a base de nossa confiança no conhecimento, a viabilidade da cognição natural. O gênio maligno não pode me iludir, pelo menos com relação a uma coisa: a minha experiência consciente, ao fato da minha existência. Deus, porém, sendo absolutamente perfeito, não pode me enganar de forma alguma, pois o engano não pode coexistir com a perfeição. Podemos, portanto, uma vez convencidos da existência de Deus, confiar com segurança em nossos instintos que nos dizem que tudo o que percebemos clara e distintamente, que todas as coisas que se nos afiguram óbvias são de fato verdadeiras. Agora podemos confiar em nosso conhecimento e superar a dúvida, sabemos o que podemos aceitar como verdadeiro e do que podemos duvidar.

Todavia, alegavam os críticos, muitas vezes nos enganamos e Deus o permite; Ele não nos protege do erro, não nos nutre com a certeza absoluta. Descartes reconhece que, certamente, muitas vezes erramos, mas isso, diz ele, por falha nossa e não de Deus. Há inúmeras coisas acerca das quais não há certeza e, enquanto isso persiste, devemos abster-nos de julgá-las. Se, todavia, acreditarmos em algo que a razão nos proíbe de acreditar, tornamo-nos vítimas do erro por nossa culpa, em consequência de um ato da nossa vontade que se coloca contra a razão. Somos capazes disso porque Deus nos outorgou o livre-arbítrio — um dom precioso, extraordinário, milagroso, mas que pode ser usado para fins maus —, e é justamente isso o que fazemos quando acreditamos em algo, sem suficiente evidência, quando concordamos com algo que não está claro e evidente à luz de nossa razão.

E foi assim que Descartes descobriu, ou pensou ter descoberto, o ponto de partida absoluto para o conhecimento humano, independentemente, como pensava, da tradição filosófica. Essa tradição — de modo particular a escolástica e a herança aristotélica —, ele a desdenhava. Ao contrário de Tomás de Aquino, Descartes não acreditava que possamos adquirir o conhecimento pelo conhecimento da natureza. Não há um caminho para Deus por meio da experiência sensível. O único caminho é por meio da ideia de Deus, que temos em nossa mente.

Evidentemente, nem todos se contentaram com seus argumentos. Tanto os pensadores católicos como os racionalistas de vários matizes apontaram falhas em seu raciocínio. Não é possível recorrer ao sentido do óbvio para provar a existência de Deus e, em seguida, tomar Deus como o abonador desse critério da obviedade, pois assim entramos em um círculo vicioso. E concluir, daí, que nada além do pensar pertence necessariamente aos meus atos conscientes não significa que esses atos independam do corpo. Além disso, se Deus é bom, isso não é garantia de que Ele não nos faça errar, pois Ele o poderia fazer para o nosso bem, da mesma forma que os adultos que nem tudo dizem às crianças têm em mente o seu bem. E poderíamos ter certeza absoluta sobre o que significam as palavras "sou" ou "existo"?

Descartes rejeitava tais objeções. Ele continuava firme em suas convicções de que tinha descoberto um infalível indicador de caminho, na verdade um fundamento infalível sobre o qual se poderia reconstruir o edifício do saber, tendo por apoio tão somente a razão. Ele não se interessava por história, fosse a história das ideias, repleta de superstições absurdas, fosse a história natural. A história natural, nós a podemos sempre reconstruir mentalmente para ter uma compreensão melhor do mundo, mas não precisamos nos preocupar de quão verdadeira seja essa reconstrução.

Segundo Descartes, o mundo é, evidentemente, governado por leis inflexíveis, estabelecidas pela vontade divina. Essas leis foram decretadas por Deus e poderiam ser diferentes; não há uma necessidade inerente nas leis da natureza. Até mesmo as leis matemáticas foram criadas por determinação divina; Deus poderia ter criado uma matemática inteiramente diferente, se assim o quisesse. À nossa razão, porém, muito da matemática que Ele escolheu parece ser a necessária.

Não é de estranhar que a edificação cartesiana, na qual os críticos encontraram tantas falhas, tenha inspirado uma variedade tão grande de doutrinas, algumas delas mutuamente se contradizendo, porém todas importantes na história de nossa cultura intelectual. Houve algumas tentativas de submeter Descartes à tradição cristã, mas seja-nos permitido afirmar que elas não foram bem-sucedidas. Os filósofos católicos, de modo geral, tentaram demonstrar que ele foi a fonte dos erros fundamentais cometidos pelo pensamento moderno.

Descartes, de fato, sugeriu que o que sabemos diretamente são os conteúdos da nossa mente: nossas percepções e nossas experiências mentais. E embora ele, em seguida, provasse, como supunha, que essas experiências mentais refletiam uma realidade correspondente, ele foi forçado, para tanto, a apelar à credibilidade divina e deixou para trás o problema da chamada "ponte": como passar das percepções à realidade. Assim, querendo ou não, criou a suspeita de que o mundo é fruto da minha, da nossa imaginação, e com isso, abriu caminho para a filosofia idealista, combatida pelos filósofos católicos.

E mais: já que Descartes acreditava que o universo era regido por implacáveis leis mecânicas, parecia estar negando a possibilidade da intervenção divina. Isso estava em contradição com a crença tradicional de que em tudo o que acontece se manifestavam as intenções de Deus: nas punições, nas recompensas, nas advertências, nas reprimendas e nos elogios. Explicitamente, Descartes não negava milagres, mas quem aceitasse o universo cartesiano não poderia acreditar neles. Seu mundo era uma máquina maravilhosa, não uma sucessão interminável de revelações independentes. O corpo também era uma máquina, que funcionava de acordo com as mesmas leis da mecânica. Pode parecer que Descartes atribuiu ao poder divino mais do que outros filósofos — que, semelhantemente a alguns nominalistas, ele considera que tudo depende de Deus, inclusive as verdades matemáticas. Parece não ser bem assim, pois quando estudamos o mundo não precisamos nos lembrar Dele e, da mesma forma, quando estudamos o corpo podemos esquecer-nos da imortalidade da alma.

Por outro lado, Descartes foi acusado não apenas de idealismo, mas também de um materialismo herege e de uma pretensiosa confiança na razão, que se arrogava sentenciar sobre tudo. Ele rejeitava, dizia-se, tanto a Providência Divina quanto os dogmas da fé; e a suas afirmações ocasionais de que era fiel cristão e obediente à Igreja não se dava crédito, por considerá-las mais oriundas da prudência do que da sinceridade.

Eis aqui algumas das questões enigmáticas sugeridas por quase todas as asserções nos escritos de Descartes:

Aceitemos como pressuposto que o gênio maligno de fato nos engana e que tudo o que se nos afigura real é mera ilusão. Talvez o mundo nem exista, ou talvez seja diferente do que pensamos que seja. Isso faria alguma diferença se partíssemos do princípio de que a nossa percepção continua sendo como era? E, mais, uma questão que Descartes não nos propõe, mas que poderia nos ajudar a entender seu pensamento — supondo que o mundo foi criado um minuto atrás, juntamente com a nossa memória e com tudo que se nos afigura como evidência do passado, isso faria alguma diferença em nossas vidas e em nosso modo de pensar? E por que tal suposição haveria de nos parecer perturbadora?

A segunda pergunta é: ser-nos-ia permitido afirmar que o meu existir é o mesmo que a consciência desse existir?

Terceira pergunta: se as verdades matemáticas são, realmente, arbitrárias e determinadas por Deus, o que significa quando dizemos que elas são verdadeiras?

Baruch Espinosa
1632-1677

Alguns chamaram Espinosa de herege ou de inimigo de Deus; outros — a maioria — viam-no como um panteísta; outros ainda o consideravam profundamente religioso, um homem possuído por Deus. Cada um desses pontos de vista tem argumentos para prová-lo. Uma das razões para tão grande disparidade nas interpretações de Espinosa reside, paradoxalmente, no fato de que ele pretendia expor seu pensamento com a máxima precisão. Para tanto, organizou a sua obra principal — a *Ética* — de forma geométrica, seguindo o estilo de Euclides e de outros matemáticos. Essa obra contém axiomas e definições, e cada uma de suas afirmações é para ser derivada desses axiomas. O leitor, no entanto, logo perceberá que não apenas várias afirmações — por exemplo, as observações sobre a psicologia humana — são artificialmente apostas a tais axiomas, mas, sobretudo, que os conceitos metafísicos, em contraste com as ideias geométricas simples, que são compreendidas intuitivamente, não se tornam mais claros devido a esse método dedutivo de exposição. É-nos permitido, portanto, omitir esse método em nossa breve exposição de um dos aspectos da filosofia de Espinosa, embora esse método tivesse um grande significado filosófico, visto que cada detalhe seu seria aplicado ao todo, e, para Espinosa, essa era a maneira certa não apenas de pensar e praticar a filosofia, mas para o próprio viver. A culminação dessa sua obra principal eram de fato as questões éticas, da reflexão sobre a sina do homem escravizado por suas paixões e da sua liberdade, quanto ao que é bom, quanto à perfeição e quanto à felicidade. Todavia o aspecto de maior influência para a ulterior história da filosofia e o mais controvertido era o que Espinosa tinha a dizer sobre Deus, sobre o seu relacionamento com o mundo e sobre a alma humana. Encontramos aqui as questões mais estranhamente complexas da sua *Ética*.

Que Deus exista, resulta logicamente de sua essência; em outras palavras, Ele existe por definição. Por aqui Espinosa envereda pelo mesmo caminho de Santo Anselmo e Descartes. Deus não pode ser concebido como não existente. Ele é a causa de si mesmo, o que significa que Ele não pode ter uma causa fora Dele. Ele é infinito, no sentido de que nada o pode limitar ou influenciar. Até este ponto, tudo está de acordo com a teologia cristã. Não, porém, outros atributos do Deus de Espinosa. Deus e a Natureza são uma coisa só. Deus também é chamado de substância e pode haver apenas uma substância. Deus é também infinito, no sentido de que possui uma infinidade de atributos. Nós, porém, desse número infinito, conhecemos somente dois, que são a extensão e o pensamento. Para Descartes, a substância consiste de duas realidades: a extensa e a pensante; a alma é a substância pensante e o "pensar" é um nome que abrange todos os atos mentais. Espinosa considera tanto a extensão como o pensar atributos de Deus: Deus extenso e Deus pensamento. Todavia o pensamento de Deus não é um processo psicológico como o pensar humano. O que é então?

A resposta de Espinosa faz parte de uma perspectiva mais abrangente. As coisas, cada uma em si, inclusive os humanos, não são finitas, existentes independentemente de Deus e, tampouco, partes de Deus. São, segundo Espinosa, modificações da Substância: elas expressam Deus. A Substância-em-si, isto é, Deus, não tem partes. A extensão infinita é indivisível: não pode ter partes, pois tudo que consiste de partes é imperfeito. E nós sabemos que a substância tem extensão, porque as coisas são extensas, e somente tendo Deus por referência podem ser entendidas; portanto, também Deus deve ter extensão. E como nós, seres humanos, pensamos, os nossos pensamentos também são a expressão da perfeição divina. Assim, portanto, Deus pensa, mas o seu pensar não consiste em uma coleção de pensamentos separados, como os nossos; é a eterna e todo-abrangente Razão da qual participamos, de modo imperfeito, com o nosso pensar. Nossos atos espirituais ocorrem no tempo, porém Deus está além do tempo; se Ele existisse no tempo, não seria totalmente perfeito; Ele teria que mediar a relação consigo mesmo por meio da memória do que passou e do que está por acontecer ainda.

Como, então, entender a relação entre o divino Absoluto e as coisas finitas? Elas não constituem partes de Deus e, tampouco, têm existência autônoma e Deus não pode ser concebido com relação a elas, mas somente através Dele e Nele. Trata-se de uma elaboração estranha e das cartas de Espinosa percebe-se que ele estava consciente de não ter resolvido satisfatoriamente a questão crucial: a relação entre Deus e as coisas criadas. O universo que conhecemos pela experiência não é Deus; não podemos conhecer pela experiência, mas através de uma análise conceitual. O leitor tem às vezes a impressão de que, para Espinosa, Deus é, na realidade, o único ser, embora ele não o diga com essas palavras.

Não apenas nós — os seres humanos — participamos dos atributos da substância que nos são conhecidos. Todas as coisas deles participam. Cada coisa particular é, portanto, tanto corpo como ideia. Ser ideia não significa, no entanto, que ela possua vida psíquica própria, mas que é ideia, no sentido de que foi pensada por Deus, que faz parte do eterno pensamento divino. Ideia e corpo são, na realidade, uma coisa só. O que ocorre em um também ocorre no outro. Isso porém, acontece não porque o corpo e a sua ideia possam afetar causalmente um ao outro. Não existe tampouco uma relação causal entre o corpo humano e a alma, embora eles sejam uma coisa só. Até mesmo os antigos hebreus, diz Espinosa, vagamente o percebiam quando afirmavam que Deus, a Razão divina, e as coisas que Ele pensa são a mesma coisa.

O Espírito Divino permeia o universo e é Deus que faz tudo acontecer no mundo da nossa experiência. Não, todavia, no sentido de determinar cada acontecimento isoladamente, mas antes no sentido de que, na infinita corrente dos acontecimentos, cada um deles é implacavelmente ordenado pelos acontecimentos precedentes. A causalidade no mundo é absoluta, nada acontece por acaso. Destarte, a vontade livre não é mais do que uma superstição do povo simples. Deus não é livre, no sentido de poder levar em consideração várias opções de ação para escolher uma delas, tampouco nós somos livres, embora, às vezes, tenhamos essa impressão. Uma pedra que se desprende da rocha e cai, se pudesse raciocinar, também poderia imaginar que está caindo por sua própria vontade e que, livremente, escolhera cair. Nossa ilusão quanto à liberdade não difere da ilusão dessa pedra.

Mas se alguém perguntar: se tudo é tão definitivamente determinado e ninguém é capaz de se opor ao que faz, poderíamos, por exemplo, punir as pessoas por suas ações sabendo que não têm como não fazer o que fazem e, implacavelmente, são obrigadas a fazê-lo? Espinosa diz que sim, que, da mesma forma que matamos cobras venenosas sem perguntar se possuem uma vontade livre, em nome do interesse coletivo devemos também punir os transgressores.

Deus age por necessidade e essa necessidade deriva de sua natureza; suas ações, como Ele mesmo, são absolutamente perfeitas. E não há na natureza causas finais, pois a Sua existência pressuporia a vontade livre.

Para muitos, essa metafísica se afigurava triste: então tudo o que ocorre no universo, incluindo tudo o que fazemos, é totalmente dependente de uma força impessoal irresistível, que, embora leve o nome de Deus, parece ter pouco em comum com o Deus da fé cristã e talvez com o de qualquer outra religião: um deus para o qual não se pode rezar. Mas, segundo Espinosa, sua doutrina não apenas revelava a verdade, ela ainda nos preparava para a melhor forma de vida possível e fornecia indicações morais infalíveis. Estas são semelhantes, em seu espírito, aos ensinamentos dos antigos estoicos: o conhecimento sobre Deus e sobre a natureza de nossa relação com Ele, uma vez adquirido, faz com que estejamos preparados para suportar os golpes do destino. Sabendo que tudo resulta das eternas e necessárias determinações divinas, e que nada depende de nós, seremos indiferentes ao mal que nos atingir. Isso nos liberta do ódio, da ira, da inveja e do desprezo dos outros. Espinosa nos aconselha a estarmos contentes com o que temos e a ajudar o semelhante. Seu objetivo é conduzir-nos para a liberdade: não no sentido de uma crença supersticiosa em uma vontade livre, mas no sentido da libertação das emoções más, da libertação da escravidão das paixões. Espinosa realmente achava que a razão por si só pode nos dar a liberdade e a felicidade. Uma vida boa nos recompensa, pois, de acordo com o princípio estoico, a recompensa pela virtude é a própria virtude, e não um benefício qualquer vindo de uma fonte externa.

Embora Deus não nos premie, concedendo-nos os nossos caprichos e desejos acidentais, quando somos guiados pela razão, e tendo adquirido o conhecimento de nós mesmos e do mundo, o amor a Deus nasce em nós. Esse amor, no entanto, é de uma espécie singular, não comum, mas o amor que nada poderá arrefecer ou perturbar: um amor intelectual. E esse amor é eterno, pois nossa alma também tem a sua parte na eternidade, em Deus. Essa imortalidade não é da especie que nos promete a fé religiosa (pois nela não há memória), mas é a imutável participação em um Deus imutável. O amor intelectual de Deus é o mesmo com que Deus ama a si mesmo. Esta a nossa maior felicidade, esta a nossa salvação. As pessoas simples, todavia, não a conseguem. Ao obedecer às leis morais, geralmente o fazem pelo pavor miserável que têm do inferno.

Dessas considerações podemos inferir a atitude de Espinosa com relação às comunidades religiosas de seu tempo. Quando, tendo uma formação rabínica, Espinosa foi expulso e condenado pela comunidade judaica por seus pontos de vista não ortodoxos, ele não entrou para nenhuma igreja ou seita; permaneceu irreligioso, como seus amigos, embora, formalmente, eles fizessem parte de comunidades religiosas. A religião judaica, ele obviamente a conhecia como ninguém, mas não a respeitava; o Antigo Testamento era para ele uma fonte histórica importante, porém não acreditava que tivesse inspiração divina. Sua atitude com relação à Igreja de Roma, como se percebe de uma resposta sua a um convertido, era de aversão, embora provavelmente ele não soubesse sobre ela tudo o que deveria saber. Todavia Espinosa foi um dos mais ilustres advogados de tolerância religiosa e, quando os senhorios da casa onde morava, membros da pacífica e tolerante comunidade dos menonitas, lhe perguntaram se ele achava que a religião deles era boa, ele disse que sim, que era boa, e que eles deveriam ser fiéis a ela. Embora em seus escritos ele nos urgisse a buscar uma espécie de união mística com Deus, um amor intelectual e uma reconciliação filosófica com o que quer que o destino nos trouxesse, ele sabia que seu conselho era somente aplicável a uns poucos. Os demais, aqueles que não sabem viver de acordo com os ditames da razão, necessitam da orientação sobre uma vida virtuosa e essa orientação a religião lhes pode dar. Desde que essa religião pregue a paz e a reconciliação entre as pessoas e não estimule o fanatismo, o ódio e algum tipo de governo despótico.

Em toda a história da filosofia talvez não haja ninguém tão solitário quanto Espinosa.

A seguir, algumas das perguntas que ele nos faz:

Se sustentarmos que não há uma vontade livre e que tudo é determinado pela implacável força da causalidade natural, não poderíamos manter, também, sem nos contradizermos, que existem, no universo humano, o bem e o mal moral?

Podemos realmente amar a Deus, sabendo que Ele é uma força impessoal que age impelido pela necessidade de sua própria natureza? E em que sentido um Deus impessoal pode ser bom?

Se conhecermos as causas das nossas emoções e paixões, acaso elas vão desaparecer? Se, por exemplo, soubermos a causa da nossa tristeza, ela vai, como afirma Espinosa, desaparecer?

Gottfried Wilhelm Leibniz
1646-1716

Diz-se de Leibniz — não me lembro quem foi o primeiro a dizê-lo — que ele foi o último homem da Europa que sabia tudo. De fato, ele absorveu toda a cultura espiritual de seu tempo e era criativo em todos os campos a que se dedicava: em matemática e física, filosofia e teologia, lógica e jurisprudência, história e geologia. Sua mente brilhante abrangia tudo, tudo em que tocava era enriquecido. Posteriormente, tal onisciência não seria mais possível, as várias disciplinas desenvolver-se-iam demasiadamente depressa e logo haveria um conhecimento extenso demais para uma só mente.

Todavia não é a diversidade dos interesses de Leibniz o mais importante, mas sua procura por uma única raiz comum para todo o conhecimento: seu sonho de descobrir sua força orientadora comum que, em última análise, nos fizesse entender todos esses ramos da ciência como partes do mesmo edifício, baseados em um único projeto arquitetônico.

Essa maneira de entender o mundo é viável, pensava ele, conquanto obedeçamos e tenhamos em mente dois princípios supremos do nosso raciocínio. Um deles, em geral livre de controvérsia, é a lei da não contradição: o princípio segundo o qual tudo que contenha uma contradição ou nos leve a uma contradição é falso. O segundo é o princípio da razão suficiente — um princípio que parece mais metafísico do que puramente lógico. Este afirma que para tudo o que existe deve haver uma razão suficiente que o faça ser, uma razão que o faça ser dessa maneira e não de outra. Toda afirmação verdadeira necessita também dessa razão ou justificação. Isso não significa que essas razões nos são sempre acessíveis; na maioria dos casos, não o são. Mas é vital saber que tais razões têm de existir, do contrário o verdadeiro conhecimento seria impossível. O tipo de razão suficiente pode ser descoberto em verdades eternas, verdades necessárias, cuja necessidade compreendemos: os axiomas da lógica e da matemática. Essas verdades — verdades da razão — não foram arbitrariamente decretadas por Deus; elas não poderiam ter sido diferentes se Deus tivesse decidido de outra forma. Elas são verdadeiras, independentemente de Deus. Deus não poderia determinar que 3 multiplicado por si mesmo não resultasse em 9. Tampouco poderia Ele ter criado um número que correspondesse com precisão à raiz quadrada de 2. As verdades matemáticas pertencem, de modo eterno e imutável, ao universo dos números e nem o próprio Deus pode mudá-las. Isso não significa que Ele, em seu poder, esteja constrangido por algum outro tipo de força ou leis, pois essas leis se identificam com Ele mesmo. Elas são, por assim dizer, os elementos imutáveis do seu Ser; não são seus caprichos.

Existe, contudo, um número infinito de verdades contingentes: verdades sobre o mundo e sobre acontecimentos particulares que nele ocorrem. Essas são as verdades dos fatos. Não sendo necessárias, elas não têm uma razão em si mesmas; a sua verdade não provém tão somente do seu conteúdo. Essa garota de cabelos claros, eu posso imaginá-la diferente; a suposição de que ela tem cabelos escuros não nos conduziria a uma contradição, como, por exemplo, a tentativa de negar que todos os raios de um círculo são iguais. No entanto, o princípio da razão suficiente afirma que uma razão suficiente deve existir para todas as verdades, mesmo as contingentes. Todavia — e esse é o ponto crucial — dar uma razão para um acontecimento ou para alguma afirmação da qual resulta uma opinião não é a mesma coisa que dar uma razão suficiente; pois a razão suficiente é uma razão definitiva. Tentar explicar um acontecimento contingente valendo-se de outro não resolve o problema; não nos levaria a uma razão não contingente, não importa quão longo fosse o nosso argumento. O que procuramos não é uma causa suficiente, que precisaria de uma outra para explicá-la, mas uma causa que em si mesma não tem causa — uma definitiva causa final. Leibniz fez a seguinte pergunta famosa: por que há algo e não, preferentemente, o nada, já que o nada é mais fácil do que o algo? Se aceitarmos que essa pergunta faz sentido (e alguns filósofos negam que ela o faça), há apenas uma resposta: Deus. Deus é a causa de tudo porquanto não há no mundo acontecimentos isolados, tudo faz parte de um só mecanismo e necessita de apenas uma causa final. O universo é ordenado para um fim e, embora a sucessão infinita de acontecimentos e o próprio fim escapem ao nosso entendimento, isso requereria uma mente absoluta. Sabemos que esse fim, ou tal causa final, existe. E já que, para Leibniz, o princípio da razão suficiente é um princípio lógico, segundo ele, a existência de Deus seria uma verdade lógica.

Muita coisa resulta da afirmação de que Deus é a causa final de todos os acontecimentos. O universo consiste de uma coleção infinita de mônadas. Uma mônada é algo absolutamente simples, sem extensão nem partes, ou seja, algo que não pode nascer ou morrer naturalmente. Já que existem coisas complexas, devem também existir coisas simples. E uma coisa simples não pode ser afetada por outras coisas. As mônadas são totalmente impenetráveis, imunes a todas as influências externas e estímulos; elas não têm janelas, como disse Leibniz. Isso não significa que nada na mônada nunca se altera; as mudanças ocorrem nelas constantemente, mas por razões internas, não externas. Cada alma humana é uma mônada e cada corpo humano consiste de uma coleção de mônadas adaptadas à forma da alma. Não há duas mônadas idênticas, cada mônada difere de todas as outras. Elas constituem uma hierarquia no topo da qual está a mais alta mônada — Deus. O universo consiste, portanto, de unidades mentais. Mas as relações espaciais não são mera ilusão. Elas não têm uma existência independente, não existem da forma como existem as almas. São projeções indispensáveis à existência do mundo da experiência comum. Isso, para que soubéssemos que as nossas percepções se referem à mesma realidade das percepções de outras pessoas.

Todavia, como é possível que as mônadas e as coisas não possam afetar-se mutuamente e, no entanto, que estejam fortemente entrelaçadas num gigantesco mecanismo? Isso é possível graças ao que Leibniz chama de harmonia preestabelecida. Trata-se de uma harmonia, estabelecida por Deus, dos movimentos, das ações e das percepções de todas as mônadas. Graças a isso, tudo acontece de forma tão precisa como se estivessem ativas as relações e leis causais, embora, na realidade, não o sejam. Cada mônada segue infinitamente seu infalível e implacável destino, que faz parte de sua natureza; e os destinos de todas as mônadas individuais estão arranjados em um todo perfeito, harmonioso pela vontade de Deus. Então, não apenas tudo isso acontece como se a causalidade natural estivesse agindo no mundo, justo da maneira como o imaginamos, mas também a harmonia que governa a atividade das mônadas é tão perfeita e projetada com uma precisão tão engenhosa que em cada mônada individual se reflete o destino das demais. Cada uma delas espelha de modo infalível todo o universo, o seu passado, o seu presente e o seu futuro, até o infinito. Isso não significa que, ao examinar nossa alma, podemos conhecer os detalhes de todas as coisas no mundo. Esse conhecimento está presente em nós, mas nossas percepções não são suficientemente perfeitas para permitir, conscientemente, que percebamos todos os acontecimentos que ocorreram, ocorrem e ocorrerão no mundo. As nossas percepções têm vários graus de clareza e vários graus de familiaridade com seus objetos. Somente Deus, atemporal e perfeito, tem um conhecimento total de tudo. Ele sabe que, em cada sentença verdadeira, alguma característica ou qualidade é atribuída a um objeto e que essa relação é necessária; de forma que cada afirmação é, na realidade, uma afirmação de identidade — analítica, como a chamamos, desde que Kant inventou essa distinção. Cada sujeito já contém seu predicado — tudo que pode, verdadeiramente, ser dele predicado; o conceito de cada coisa contém o seu destino, inteiro e infinito. A sentença verdadeira que afirma que, em dado momento, eu virei a taça ao beber o vinho não é um elemento menos necessário de mim mesmo do que a verdade de que todo triângulo tem três ângulos e isso é um elemento necessário do conceito do triângulo. Esta é uma verdade racional — uma das verdades que sabemos serem necessárias. A primeira é a verdade de um fato, uma verdade contingente, porém ela também é necessária, mas, para poder compreender isso, teríamos de ter uma mente perfeita.

A essa altura cabe, naturalmente, uma questão familiar: se o destino do mundo e de cada um dos seus elementos já está determinado em cada detalhe na harmonia preestabelecida por Deus, poderíamos ainda afirmar, sem cair em contradição, que temos uma vontade livre?

Sim, responde Leibniz, pois as ações humanas não são necessárias, embora determinadas nos planos de Deus. Somente são necessárias aquelas verdades cuja negação nos leva a uma contradição — verdades da razão, como a afirmação de que todo triângulo tem três ângulos. As verdades contingentes são previstas por Deus, mas a negação dessas verdades ou acontecimentos continua sendo possível sem que caiamos em contradição. Não haveria uma contradição na suposição de que eu não derrubei o cálice. O homem sempre age de uma maneira que se lhe afigura a mais apropriada, e o faz livremente.

Evidentemente, existem no mundo o mal, o pecado e o sofrimento. O mal nasce da própria imperfeição das criaturas de Deus; Ele não poderia tê-las criado perfeitas, ou seja, suas iguais, e é logicamente impossível que exista mais de um Deus. Leibniz diz que Deus, como, aliás, o afirma a tradicional teologia cristã, não cria o mal, mas o permite. Todavia, e este é um ponto crucial, Deus permite somente o mínimo do mal possível no mundo. Deus é infinitamente bom, porque é perfeito, e a bondade, por definição, faz parte da perfeição. Ele é também infinitamente sábio, e desses dois atributos resulta que

Deus criou o melhor dos mundos possíveis, isto é, um mundo no qual a soma do bem é tão grande quanto possível e a soma do mal tão pequena quanto possível. Deus examinou todos os mundos possíveis e deve ter resolvido uma equação infinitamente complexa que acabou produzindo, como solução, o nosso mundo. Um mundo que não contivesse o mal poderia ter sido possível, mas esse mundo seria povoado por autômatos, sem vontade livre; Deus calculou que nosso mundo, com todo seu mal e sofrimento produz, ainda, mais bem que o outro mundo possível, sem o mal e sem a liberdade. Vivemos, portanto, no melhor dos mundos possíveis, e essa conclusão, que irritou tanto Voltaire, resulta, inevitavelmente, do conceito de Deus como ser perfeito. Ele não é apenas o criador de tudo, mas também o rei e o pai que ama seus súditos humanos. Poderíamos nos perguntar se esse argumento poderia convencer alguém que estivesse morrendo de fome ou estivesse sendo torturado até a morte, mas essa questão não abala a fé de Leibniz. Ele não nega a presença do mal e do sofrimento, o que ele nega é que isso represente um argumento contra a bondade de Deus. A teodiceia, a teoria da justiça divina, foi para Leibniz, que criou esse termo, um tema constante em suas reflexões. O Ser é bom e é bom necessariamente.

Eis algumas das questões que o universo leibniziano nos sugere:

Leibniz diz que, se existem coisas que são complexas e divisíveis, coisas simples e indivisíveis (substâncias) também deveriam existir. Esse tipo de raciocínio procede?

Se concordarmos que Deus é absolutamente bom e onipotente, poderíamos rejeitar a afirmação de Leibniz, tantas vezes objeto de escárnio, de que vivemos no melhor dos mundos possíveis? Não deveríamos, ao contrário, fazer coro com os epicuristas e dizer que, já que há tanto mal e tanto sofrimento no mundo, Deus é ou mau ou incapaz, ou ambos?

Blaise Pascal
1623-1662

Pascal não queria ser filósofo e, provavelmente, não o era de fato — pelo menos não no sentido em que naquela época deles se falava. Ele menosprezava a filosofia e os filósofos e nada esperava de suas disputas. Tampouco era um teólogo, isto é, ele não praticava a teologia natural, que é um ramo da filosofia que objetiva demonstrar as verdades teológicas através de recursos racionais. No entanto, nenhum resumo da filosofia europeia pode omiti-lo. Ele não chegou aos 40 anos de vida e sua obra mais importante, conhecida como *Pensées*, publicada postumamente, pode parecer não mais do que uma coleção caótica de notas e aforismos. Mas são aforismos dos quais os leitores europeus têm haurido observações fascinantes por quase três séculos e meio.

Seu pensamento se dirigia a dois domínios distintos, embora, em sua opinião, não contraditórios. Um deles era a matemática e a física teórica, o outro, a fé e o destino humano, ambos vistos ou através da fé ou prescindindo dela.

Ele foi um matemático de primeira categoria que prezava o seu ofício. Julgava a matemática uma arte, a arte mais esplêndida criada pela mente humana, mesmo que não passasse de um ofício que não resolve os problemas em relação ao que mais importa em nossas vidas. Como matemático e físico, ele respeitava o rigor moderno de seu ofício e não dava muita importância às especulações filosóficas dos aristotélicos, com a ajuda das quais os escolásticos semi-instruídos pensavam resolver os problemas da física. Ele também desprezava o uso da religião em questões que envolviam a razão ou fatos, e o exemplo mais gritante desse abuso em seu século foi a condenação de Galileu pela Igreja Católica. Façam o que quiserem, dissera este, a Terra vai continuar girando em torno do Sol, e vocês com ela. Todavia, as tentativas contrárias, de querer demonstrar as verdades religiosas recorrendo a argumentos baseados em observação, são igualmente ilegítimas e vãs.

Pascal tinha uma fé inquebrantável; a fé era para ele a realidade mais importante na vida de um homem. Ele sabia que as supostas provas da existência de Deus derivadas de fenômenos naturais não tinham valor. Não há caminhos confiáveis que nos levem dos pássaros, das estrelas e dos céus a Deus, o Criador. Tampouco teremos ajuda das provas matemáticas em nosso sofrimento e, sobretudo, na infelicidade, elas são impotentes para nos ensinar algo sobre nosso destino e seu sentido, ou sobre a morte. O destino dos homens, escreveu ele, é como a sina de um bando de prisioneiros acorrentados que têm que observar seus companheiros sendo mortos, um por um, sabendo que, muito em breve, chegará a sua vez. E, quando nos damos conta disso, que dos incompreensíveis abismos do universo não virá nenhuma voz, que o universo é mudo e vazio, o que fazemos? É impressionante, diz Pascal, que as pessoas não pensem no que lhes concerne de forma mais vital: sua morte, a imortalidade, a salvação. Elas não pensam porque não querem pensar, não querem lembrar-se disso. Fogem dessas questões, as mais importantes, para qualquer tipo de distração; fazem isso para esquecer o que as aguarda. Sua vida se transforma em uma série de entretenimentos, em escapismo. Inventamos os mais diversos expedientes para não enfrentar a questão fundamental: teatro, festas, intrigas, até mesmo guerras — tudo isso são maneiras de anestesiar a dor existencial.

A fé nos cura, de verdade. Mas como consegui-la? Não nos será dada pelo universo mudo, tampouco pela ciência ou pela observação da natureza. A fé não consiste de uma série de asserções, que aceitamos intelectualmente, nem mesmo a afirmação de que Deus existe. Esse tipo de afirmação pode ser aceita por um deísta, que está quase tão distante do cristianismo quanto um ateísta. A fé é um mergulho em uma realidade diferente da do cotidiano. A fé é amor de Deus e confiança em Deus, a certeza da filiação divina, o sentimento de uma união indissolúvel com o divino. Não são declarações que dependem de atos intelectuais para a sua aprovação, são razões do coração. Embora venham do coração e não da razão, não são, no entanto, baseadas em emoções, ou em sentimentos obscuros, que podem ser ilusórios. Trata-se de intuições que nos dão a certeza, embora não possam ser comprovadas em sentido estrito. Mas os axiomas de geometria também não podem ser comprovados; eles também são aceitos da mesma forma que nossos devaneios em pleno dia pelas "razões do coração", a despeito das dúvidas de Descartes.

Mas a questão de como obter a fé continua em aberto. Pascal, como seus correligionários, os jansenistas (a Igreja os tinha condenado, mas eles mesmos não usavam essa denominação, preferindo chamar-se de discípulos de Santo Agostinho), acreditava que a fé é um dom de Deus, visto que ela não pode ser obtida por meios naturais, por esforço próprio ou pelo estudo. Todavia Deus não dá a fé como um prêmio pelo merecimento, pelas nossas boas ações, por uma vida virtuosa ou por uma fé ortodoxa. Ele a dá a quem quiser, gratuitamente, arbitrariamente, não como prêmio, mas por razões que estão além da nossa compreensão. A fé resulta da graça e a graça, por definição, é dada arbitrariamente, não por mérito. Além do mais, a graça não é apenas necessária à salvação, mas também é a razão suficiente para tal, pois quando Deus no-la confere, ela é irresistível: não podemos rejeitá-la. Embora os humanistas cristãos achassem difícil aceitar essa imagem de Deus, de um Deus que dá a salvação a um grupo seleto por Ele escolhido, conforme seu imperscrutável desígnio, essa era, afinal, a doutrina dos jansenistas, e Pascal dela compartilhava. É um sacrilégio, afirmavam os jansenistas, acusar Deus de injustiça, já que o próprio Deus é a medida da justiça e qualquer coisa que ele faça é justa por definição. De modo semelhante, um pecado é pecado por opor-se à vontade de Deus, não por outra razão qualquer. O bem e o mal são o bem ou o mal não em si mesmos, mas por força dos decretos divinos. Isso é consequência necessária da absoluta soberania de Deus. Ninguém, nem mesmo o homem mais virtuoso, pode obrigar Deus a salvá-lo. Deus não pode ser obrigado a nada e os nossos méritos não têm peso no julgamento divino.

Esse terrível conceito agostiniano da soberania divina e da impotência do homem é, supostamente, derivado da teologia do pecado original, que mudou radicalmente a nossa condição. A corrupção da natureza e o peso infinito da culpa de Adão, que todos nós carregamos, nos despiram moralmente: nada que fizermos há de nos salvar. No entanto, não seria contrário à razão acreditar que Deus nos condenaria ao tormento eterno por algo que não podemos evitar? Que Ele enviaria ao inferno até os recém-nascidos não batizados? Pascal concorda que a doutrina do pecado original é para nós incompreensível, contrária à razão e contrária a nossa miserável concepção de justiça; mas sem ela o homem é ainda mais inconcebível.

A condenação do jansenismo pela Igreja (que Pascal abraçou) como heresia foi na realidade a condenação da teologia agostiniana, embora não se mencionasse o nome de Agostinho. Essa teologia pode parecer aterrorizante, e é assim que parecia a muitos (aos jesuítas, por exemplo) no século XVII. Realmente, em suas *Pensées* — excetuando-se algumas passagens sobre a garantia da felicidade para aqueles que foram abençoados com a graça divina e encontraram Deus — transparece o desespero. Porque, se a fé é um dom gratuito, parece ser de todo sem sentido que aqueles que a receberam tentem converter aqueles que não a possuem; um esforço fadado ao fracasso. No entanto, o próprio Pascal faz essa tentativa no famoso argumento conhecido como a Aposta de Pascal.

O argumento parece simples, mas deu margem a incompreensões e até provocava escândalo. A questão diz respeito à existência de Deus. Já que a razão é incapaz de solucionar esse problema, devemos submetê-la a uma aposta como se faz nos jogos de azar, calculando possíveis lucros ou perdas. O pressuposto é que temos de apostar, não temos outra saída. E, provavelmente, é assim por se concluir que se não confio na existência de Deus, então, mesmo que não o explicite, eu estaria confiando em sua inexistência, pois essa seria uma escolha mais confortável em nossa vida terrena. Precisamos, agora, calcular o valor da aposta e os possíveis ganhos. O valor da aposta, isto é, se confio na existência de Deus, é a minha vida terrena, que eu preciso transformar dentro do espírito cristão; uma vida pobre, minúscula, de pequeno valor. Mas o prêmio que está em jogo, se confio na existência de Deus e ganho a aposta, é a vida da felicidade eterna. Está, portanto, perfeitamente de acordo com a razão apostar na existência de Deus, porque se eu ganhar possuo a eternidade e o valor da aposta é muito pequeno; vale a pena apostar uma vida para ganhar três; o que dizer então de ganhar a eternidade. Nessas condições, seria uma loucura fazer uma aposta contrária.

E se alguém disser que não consegue ter fé, temos de persuadi-lo de que sua resistência provém não de objeções intelectuais, mas das paixões das quais se faz escravo; se ele as consegue dominar, estará removendo o maior obstáculo no caminho para a fé. Ele deve tentar, e tentar significa comportar-se como um bom cristão: ir à igreja e aguardar o dom da graça. Pascal não diz, é claro, que ao frequentar a igreja adquire-se a salvação, mas que fazendo isso remove-se o obstáculo. Certamente ele diz, embora não o explicite, que ao cumprir os mandamentos da Igreja, mesmo não tendo fé, seremos, por fim, espiritualmente transformados, porquanto há um liame misterioso, por nós desconhecido, que une a alma ao corpo. E mais: se um possível convertido mudar sua maneira de ser e de viver, abandonando a vida pecaminosa, ele logo descobrirá que nada perdeu, ao contrário, muito lucrou. Provavelmente, todo candidato a apostador tem em sua alma alguma vontade de acreditar, algum vestígio de esperança. De qualquer forma, somente Deus salva e somente Ele dá a fé; não está claro, portanto, como podemos chegar à fé por esforço próprio, por mais ingente e sincero que seja nosso esforço. Deus, se assim o determinar, poderá transformar, em um só instante, o coração do mais empedernido dos pecadores: o apóstolo Paulo é um exemplo disso.

Pela pura razão é impossível provar a existência de Deus. Ele é infinito e insondáveis são os seus caminhos, é preciso que a nossa razão se humilhe diante do seu mistério. Nem mesmo os milagres e as profecias, embora denotem a poderosa presença de Deus, convencerão os incrédulos; argumento algum os convencerá, porque sua incredulidade não vem da razão, mas de suas paixões invencíveis. Deus nos deu luz suficiente: os incrédulos não terão como alegar ignorância no Juízo Final.

Nas questões religiosas, as mais diversas verdades são incompreensíveis: o Pecado Original, a relação entre corpo e alma, a criação do mundo e a própria existência de Deus. Devemos reconhecer nossa miséria, ou cairemos no pecado da soberba; mas reconhecer nossa miséria sem Deus gera o desespero. Tudo o que sabemos — sobre a nossa miséria e sobre Deus —, sabemo-lo graças a Jesus Cristo; Ele é o nosso Deus e, sem Ele, todas as verdades humanas são impotentes. Nem a razão e tampouco a história nos salvarão. O talvez mais famoso aforismo de Pascal afirma: "Se o nariz de Cleópatra fosse menor, toda a face da terra seria diferente." Um mundo sem Deus é um caos sem sentido. Mas, quando somos nutridos pela fé, os absurdos aparentes desaparecem e tudo se torna compreensível

Os homens, todavia, gostariam que o cristianismo fosse falso, diz Pascal, porque então poderiam entregar-se a suas paixões, enquanto o cristianismo lhes diz que devem viver desprezando o corpo e os bens materiais. O ateísmo é conveniente. O ceticismo é conveniente. O ceticismo está certo, uma vez que coloca a razão em seu devido lugar, mas é perigoso quando se mantém por si só, quando falta a fé. Está de acordo, porém, com a razão admitir que há muitas coisas que ultrapassam a nossa razão. O cristianismo não é uma filosofia; não é uma doutrina metafísica. É o viver da fé.

Pascal nos questiona sobre tudo. Mas podemos escolher algumas perguntas mais específicas:

As virtudes naturais não têm importância para a salvação; um ateísta pode ser uma boa pessoa, mas isso não lhe ajudará em nada no Juízo Final. Resultaria daí que a salvação, sendo a única coisa que realmente importa, não faria diferença no modo como vivemos?

Se a fé depende do dom da graça, não poderia ela ser uma ilusão? Não seria possível acreditar que temos fé, mas estarmos enganados?

A aposta de Pascal não estaria nos encorajando a ter uma esperança herética de que, afinal, podemos obter a graça com esforço próprio? E foi Pascal um cristão, no sentido em que os cristãos contemporâneos consideram como tal?

John Locke
1632-1704

Embora a obra mais famosa e mais conhecida de John Locke, o *Ensaio sobre o entendimento*, seja extremamente longa, tediosa e cheia de repetições, além de irritantemente vaga em alguns pontos cruciais, ela é, com razão, considerada um dos pilares sobre o qual repousa o pensamento iluminista; seu *Ensaio sobre a tolerância* e seus dois *Tratados sobre o governo* (especialmente o segundo) também são vitais para a tradição iluminista. Se em nossos dias algumas de suas ideias podem nos parecer banais, isso acontece justamente porque ele as popularizou. Elas não eram banais quando John Locke as elaborou. Ele não foi o primeiro filósofo a argumentar que tudo o que sabemos se origina, em última análise, de experiências sensoriais; os franceses têm provalmente razão quando garantem que foi Pierre Gassendi quem estabeleceu a primazia da experiência. Mas não tem jeito: eram as obras de Locke que o mundo lia, não as de Gassendi.

Locke nos faz a pergunta tradicional: quais são os limites do nosso entendimento? O que podemos saber com certeza? O que é somente provável e o que não podemos saber de todo? Ele considerava essas fronteiras tênues e as questões metafísicas que preocuparam os filósofos durante séculos, ou estéreis ou insolúveis. Foi contemporâneo de Espinosa, mas dificilmente encontraremos dois filósofos tão distantes um do outro como esses dois. Quando em Oxford, Locke teve de estudar conceitos e doutrinas escolásticas, mas logo chegou à conclusão de que disso teria pouco proveito e de que somente causava confusão.

Baseados em sua opinião — de que o conhecimento se movimenta em vias muito estreitas — poderíamos concluir que Locke era um cético, mas, na realidade, ele era um asceta. Não lamentava nem deplorava a impotência da razão humana quando confrontada com questões metafísicas que outros filósofos consideravam importantes e solucionáveis. Ele simplesmente pensava que Deus nos tinha equipado com faculdades intelectuais suficientes para lidar com tarefas práticas, e não mais do que isso, e que não havia, portanto, nada a deplorar; não há nenhum benefício em quebrar a cabeça com fórmulas substanciais, com enigmas teológicos e com a essência das coisas, pois o conhecimento realmente necessário à vida é acessível a todos.

A crença de que há um conhecimento inato no ser humano tem sido, diz Locke, fonte de muita superstição e de muitos dogmas duvidosos; afinal, cada um pode defender o voo de suas fantasias alegando que elas provêm de uma sabedoria inata, inscrita na alma. Os primeiros capítulos da sua obra principal são dedicados a demonstrar que não existem ideias inatas. O termo "ideia" tem uma abrangência muito grande, inclui tudo o que pode ser objeto de nosso pensamento, tanto as propriedades, que percebemos diretamente por meio da visão, ou pelo tato, com suas diversas combinações, como também o que podemos descobrir ao refletirmos sobre elas e o que sabemos ao debruçarmo-nos sobre a ação de nossa mente. Tudo o que sabemos, porém, vem da experiência. Quando nascemos, nossa mente é como uma folha de papel em branco, uma *tabula rasa*. A partir dessa famosa afirmação de Locke, alguns de seus discípulos concluíram que todos os seres humanos nascem iguais, que ninguém é melhor ou pior.

O fato de não termos ideias inatas não significa, segundo Locke, que o nosso conhecimento seja limitado pelo conteúdo de nossas percepções e que, de forma alguma, não alcance coisas (como opostas a suas qualidades). A experiência sensorial apenas nos revela o mundo das nossas percepções, mas também temos a irremovível intuição de que essas coisas existem, embora não conheçamos sua essência — esse conhecimento, porém, não nos é necessário. O mundo das nossas percepções é comum a todos, não é uma coleção de mundos individuais. Deus nos brindou com a razão de modo que pudéssemos refletir sobre os objetos da nossa percepção; no entanto a razão é a mesma para todos. Não se deve pensar que estamos lidando somente com propriedades sensoriais que se nos revelam em várias combinações; é preciso aceitar que além delas há um substrato inacessível a nossa experiência, que é a sua manifestação.

Locke, como Descartes, distinguia propriedades secundárias, que são representações criadas em nós pelas coisas (como as cores e os sons), das primárias ou geométricas (forma, tamanho e movimento); mas desconhecemos o mecanismo que faz com que percebamos as propriedades primárias dessa maneira e não de outra. Tampouco sabemos o que é substância material, mas, embora ela não se encontre em nossa experiência, a nossa suposição de que ela existe é bem fundamentada. Ao contrário de Descartes, Locke não acreditava que possamos adquirir conhecimento da alma ou da substância da alma por meio da observação da nossa própria atividade mental.

Tampouco, segundo Locke, temos qualquer ideia moral inata; é a razão que nos ensina o que é bom, ou mal, agradável, desagradável, benéfico, ou não, para nós como sociedade. Locke se dava conta de que explicações tão simples assim não seriam suficientes para fundamentar regras morais, mas esperava que, com o tempo, nossa razão progredisse também nesse campo, como o tem feito em outras instâncias da vida humana.

Por fim, ao contrário de Descartes, ele não acreditava que existisse uma ideia inata de Deus. Se assim fosse, todos a teriam, e, claramente, como isso não ocorre, não existe tal ideia inata. Todavia podemos ter a certeza da existência de Deus, porquanto, embora não conheçamos sua essência, não pode haver dúvida de que deve existir um ente que é a causa da nossa existência, já que nós, seres contingentes, não podemos ser a causa de nós mesmos. Esse ente também pode ser a causa de todos os fenômenos que conhecemos pela experiência.

Também sabemos da existência de Deus pela revelação divina, que Ele nos deixou nas Sagradas Escrituras. Há coisas que somente podemos saber pela Revelação e não por meio da experiência: a Ressurreição, por exemplo, ou a revolta e a queda dos anjos. Podemos, contudo, justificar as verdades fundamentais da religião pela razão, independentemente da Revelação. O cristianismo não conflita com a razão, e as verdades do Novo Testamento são simples e fáceis de entender. No entanto, se encontrarmos na tradição religiosa afirmações que são contrárias à razão, não devemos aceitá-las.

Acreditamos nas verdades reveladas porque confiamos em Deus, mas é obrigação da nossa razão examinar cuidadosamente cada afirmação para termos certeza de que realmente se trata de uma verdade revelada. Quanto a isso, não podemos obter uma certeza absoluta, como o podemos, por exemplo, em questões que são distinta e claramente evidentes, para as quais a cognição natural nos dá as respostas. Devemos, portanto, acautelar-nos das seitas que proclamam coisas absurdas, afirmando, ao mesmo tempo, que se tratam de verdades que vão além da nossa capacidade de compreensão.

De modo geral, portanto, Locke, embora reconhecesse que a revelação nos oferece, às vezes, informações que não poderíamos obter de outra fonte, insistia em que nenhuma verdade revelada poderia ser aceita, se não estivesse de acordo com a razão. Se o negasse, o princípio de que devemos podar a tradição religiosa para que ela possa enquadrar-se nos veredictos da razão secular é um princípio deísta, e nesse sentido Locke era um racionalista: ele acreditava em regras da razão universalmente obrigatórias, o supremo juiz da verdade e da falsidade. Advogava a adoção de uma regra geral, que vale a pena lembrar: não se deve sustentar nenhuma opinião com uma convicção maior do que a justificam as provas nas quais ela se baseia. Esse é um princípio sábio e muito útil, embora não possa ser aplicado universalmente, pois podemos imaginar várias providências práticas em que haja um grau de incerteza, mas nas quais o sucesso ou o fracasso dependerão, em parte, de nossa convicção quanto ao seu sucesso, ainda que essa convicção possa estar em contradição com um cálculo frio e objetivo. E, certamente, há outros exemplos de convicções às quais deveríamos nos aferrar, embora careçam de argumentos irretorquíveis. Poderíamos também, desse ângulo, considerar as profecias que se autorrealizam e se autodestroem.

Para Locke, a ênfase constante no elemento de incerteza de nosso conhecimento e também de nossas crenças religiosas (mas não a nossa fé na existência de Deus) constitui a base teórica da ideia de tolerância. Já que a Igreja é uma associação da qual fazemos parte voluntariamente, e nenhuma instituição do

Estado tem autoridade em questões religiosas, não devemos perseguir aqueles que nessas questões têm uma opinião diferente da nossa. Aqueles que perseguem os outros em nome de Cristo estão, na realidade, traindo Cristo; não podem servir à verdade. Dessa maneira, a própria natureza do nosso conhecimento rejeita o fanatismo religioso e as perseguições. Essa tolerância, contudo, Locke não a queria estender aos ateístas empedernidos porque, em sua opinião, eles não têm motivos para ser fiéis a seus compromissos ou levar a sério suas juras.

Mesmo nas questões acerca do que seria um bom regime de governo a análise do conhecimento de Locke revela-se útil. Passemos, no entanto, ao largo dos conflitos na monarquia inglesa, que levaram Locke a refletir sobre essas questões de Estado. Sua teoria política inspirava pessoas que não tinham nada a ver com aqueles conflitos e constituiu-se em inspiração tanto para os enciclopedistas franceses quanto para os fundadores da democracia americana. Locke acreditava que a razão é suficiente para estabelecer o que é e o que não é justo, e que Deus nos deu a liberdade e a igualdade no estado de natureza. Não está totalmente claro se, para Locke, o estado de natureza constitui uma ficção teórica como ferramenta útil ao raciocínio ou se se trata de uma situação que um dia realmente ocorreria. Independentemente disso, sabemos, diz Locke, que a liberdade no estado de natureza faz parte do nosso direito de nascença, não é inata, mas nós a descobrimos como dom de Deus. O direito à vida, à liberdade e à propriedade num estado de natureza também pode ser respeitado, porém a paz é, com frequência, perturbada por aqueles que infringem o direito dos outros. Daí se segue que precisamos de um contrato social que proteja esses direitos naturais e que permita que as autoridades e a justiça cerceiem nosso desejo de infringir o direito dos outros e nos punam se assim o fizermos.

Quando surgiu no mundo a distinção entre o meu e o seu, tornou-se necessário também termos instrumentos para decidir sobre os conflitos relativos à propriedade. Não pode haver liberdade em um mundo no qual o direito à propriedade não é respeitado e regido por leis. Um contrato social cria órgãos legislativos e nomeia uma autoridade, que representa uma das partes desse contrato e toma para si certas responsabilidades. Não é verdade, e não pode ser provado de forma alguma, que Deus chamou Adão para ser o rei absoluto do mundo e que os monarcas contemporâneos são seus descendentes e herdeiros de seus privilégios. O soberano é o executor da vontade do povo e a monarquia absoluta é contrária ao contrato social. Somente o povo pode decidir se o soberano está honrando os princípios do contrato, e quando um tirano se torna um tirano os cidadãos não são mais obrigados a obedecer-lhe. Podem rebelar-se contra ele e depô-lo. Dessa maneira, a teoria de Locke estabelece a legitimidade da revolução política.

A liberdade, a propriedade, a igualdade política, a tolerância religiosa e o povo como juiz do Poder Executivo — todos esses elementos do contrato social estão conectados, e foi por causa dessa conexão que Locke se tornou um clássico da democracia moderna. Se alguém acreditar que esses princípios são óbvios, é bom lembrar que eles se tornaram óbvios graças, em grande parte, a Locke.

As obras de Locke sugerem muitas questões, tanto sobre sua teoria do conhecimento quanto sobre sua teoria política.

A primeira pergunta a Locke é a seguinte: Para vários pensadores do Iluminismo, a ideia de que não existem ideias inatas, de que a nossa mente é como uma folha em branco quando nascemos, era uma prova de que todos somos iguais, o que, por sua vez, teve consequências políticas importantes. Todavia, independentemente da questão da existência de ideias inatas, no sentido em que Locke as negava, sabemos que não nascemos como folhas em branco porque temos traços geneticamente herdados que nos diferenciam uns dos outros em termos de temperamento e de habilidade. À luz desse conhecimento, não deveríamos acreditar que a ideia da igualdade não tem fundamento?

A segunda pergunta é a seguinte: Tendo em vista que o conteúdo das nossas percepções é a única fonte do nosso conhecimento, baseados em que argumento podemos afirmar e considerar certo que os objetos existem independentemente de nós e que o conteúdo das nossas percepções os representa?

Finalmente, a terceira questão: Embora Descartes achasse que o finito devesse ser entendido como uma limitação do infinito, pois o conceito de infinitude é intelectualmente anterior, Locke afirma que o infinito é, na nossa mente, um conceito negativo, que aparece quando não somos capazes de determinar, ou imaginar, o fim de uma certa realidade, por exemplo, o fim de uma série de números ou do espaço. Qual dos dois está certo e, afinal, teria essa questão alguma importância para nós?

Thomas Hobbes
1588-1679

O mundo de Thomas Hobbes pode parecer hostil e deprimente para seus leitores. Não foi, no entanto, sua intenção fazer com que as pessoas que estudassem os seus escritos ficassem estarrecidas. Ele simplesmente descrevia o mundo tal como, segundo ele, é de verdade. Sua doutrina política explicava que, já que o ser humano é assim, a forma mais perfeita de Estado é uma ditadura individual e absoluta. Ela tem seu lado negativo, mas todos os outros regimes, notadamente as diversas modalidades da democracia, são bem piores.

Quanto à origem do universo, as explicações de Hobbes são simples e enraizadas na antiga filosofia dos materialistas — Demócrito, Epicuro e Lucrécio. Não existe nada no mundo além de átomos. Todavia Hobbes discordava dos antigos que falavam do vácuo, o que chamamos de vácuo são corpos sutis. A matéria preenche o universo, ela é eterna e sempiterna, não é possível criá-la do nada e tampouco destruí-la. Os diversos mundos existentes no universo nascem e desaparecem, mas a matéria de que são feitos permanece. O movimento dos átomos processa-se de acordo com as leis da mecânica, descritas por Galileu; não existe nesses movimentos objetividade alguma, nenhuma consideração relativa às nossas necessidades humanas, temores ou desejos. O mundo, embora dirigido pelas leis da mecânica, é um mundo caótico, sem sentido. As especulações dos astrólogos e dos adivinhos não passam de meras superstições. O movimento dos corpos, ou seja, tudo que ocorre no mundo, está determinado pelas leis da mecânica. Nesse sentido, Hobbes compartilhava a crença de Demócrito quanto à causalidade universal e rejeitava o pensamento de Epicuro, segundo o qual no movimento dos átomos ocorriam desvios, sem que tivessem uma causa, e que isso, na opinião dos epicuristas, explicaria a vontade livre do homem. Hobbes, no entanto, acredita que não existe nenhuma problemática explicável de vontade livre. A palavra "liberdade" tem sentido, sim, mas ela significa apenas a não existência de obstáculos exteriores que nos dificultariam ou tornariam inviável o movimento. Quando, ao correr pelo caminho, ninguém e nada obstrui minha corrida, nesses instantes do meu movimento estou livre. Mas, nesse sentido, também a água que escorre pelo canal e não encontra obstáculos está livre. A palavra "livre" não tem nenhuma relação com a nossa vida psíquica e não diz, especificamente, respeito aos homens. Simplesmente descreve uma situação mecânica.

Hobbes foi um dos primeiros, nos tempos modernos, a difundir a chamada filosofia do materialismo mecânico, ou seja, justamente a crença de que não há nada além de corpos em movimento, obedecendo às leis da mecânica. A expressão "substância imaterial" é intrinsecamente contraditória. Também o espaço e o tempo não são entes independentes, diferentes dos corpos. De fato, certos movimentos ocorrem mais cedo, outros mais tarde, e essa relação — do mais cedo ou do mais tarde — as pessoas transformaram em sua imaginação num ente independente. O abuso das palavras e os diversos entes fictícios criados a partir desses abusos são objeto dos ataques frequentes de Hobbes. O jargão da filosofia escolástica e da teologia se origina justamente dessas ficções. Temos em nossa linguagem uma porção de palavras, como "árvore" ou "branco", mas somente nomes podem ter um caráter geral, não existe nenhum ente geral, contrariamente ao que possam pensar os filósofos que se baseiam nas especulações platônicas. A intransigente onipresença que tudo explica pelas leis da mecânica estende-se até a geometria, pois as figuras geométricas são resultantes do movimento. De modo especial, contudo, essa onipresença se estende para a vida espiritual do homem, para nossas impressões, nossos sonhos e nossos pensamentos. Os objetos exteriores produzem as mais diversas pressões mecânicas sobre nossos órgãos sensoriais, e justamente nós as interpretamos como cores ou sons. E mais: também nossos pensamentos, sentimentos ou desejos não são outra coisa além de movimentos de átomos no nosso corpo, no nosso sistema nervoso ou no coração. Como outros filósofos de seu tempo, Hobbes diferenciava as propriedades sensuais, que não pertencem aos corpos, mas que são somente maneiras como reagimos às pressões de outros corpos, e as propriedades geométricas, que, verdadeiramente, servem a esses corpos. Ele não polemizava com o argumento de que não aceitava essa diferenciação, ou seja, de que não podemos imaginar um corpo sem cor e sem forma.

A explicação de tudo que acontece no mundo e de todas as regularidades que nele ocorrem estende-se também à vida social, à política. No estado de natureza, ou seja, onde não existe um país e tampouco uma autoridade, também não há nenhum freio que possa conter as paixões dos indivíduos. Não existe o mal nem o bem, no sentido ético; nada pode ser também justo ou injusto, bom ou abjeto; tudo isso são qualidades que surgem de acordo com os decretos do poder constituído.

O homem natural tem direito a tudo, a tudo que quiser; ele não depende de normas ou regras morais. Mandam nele os impulsos naturais: o medo da morte, a necessidade de segurança e o desejo de poder, tanto sobre os demais seres humanos como também sobre o meio ambiente. Já que os homens nascem em um estado no qual somente seus interesses e necessidades têm importância, não é de estranhar que, no estado de natureza, são amiúde inimigos uns dos outros.

O estado de natureza não é um país das maravilhas; pelo contrário, a vida nesse estado é primitiva, pobre e breve. Surgiu, portanto, a necessidade de um contrato que pusesse fim às leis estabelecidas pela própria natureza, e que criasse uma sociedade civil, ou Estado; em sua forma desenvolvida, ela merece levar o nome de Leviatã, do homem artificial, que os homens trazem à vida para garantir sua segurança.

Em sua maioria, os teóricos do contrato social (como Locke) supunham que esse contrato é representado, por um lado, pelo soberano, ou pelos órgãos do poder; o soberano é, portanto, dependente dos súditos, aos quais é permitido destituí-lo caso ele não cumpra o contrato. Já Hobbes pensava diferente.

Para ele trata-se de um contrato entre os cidadãos que abrem mão de parte de seus direitos naturais e os transferem para o soberano; o soberano não assina nenhum contrato. Ele exerce o poder, valendo-se dos direitos que lhe foram outorgados pelos autores do contrato. A razão dessa abdicação de direitos se explica pela necessidade de segurança e de paz, que são os bens mais altos da vida coletiva. A fim de poder garantir a segurança e a paz, o poder do soberano não pode ser compartilhado, ele tem que ser um ditador com poderes ilimitados. Um exemplo das consequências fatais da divisão do poder é a própria Inglaterra, que poderia ter evitado os horrores da guerra civil se não tivesse dividido o poder com a monarquia, o Parlamento e os lordes. Somente agora, sob a chefia de um ditador, que estabelece ele mesmo o âmbito de sua competência — afinal, não precisa mandar em absolutamente tudo —, fica clara a ideia da justiça; pois justo é o que o soberano determinar. Por definição, o soberano não pode ser injusto, sua ordem e a lei do Estado se equivalem e os cidadãos são educados no temor da autoridade e têm que cumprir todos os compromissos que assumiram. Somente dessa maneira é possível evitar uma guerra de todos contra todos, que é consequência inevitável do estado de natureza. A censura preventiva faz parte dos privilégios do soberano, pois não se pode permitir que os cidadãos usem da liberdade da palavra para, impunemente, falar, escrever e publicar coisas que possam perturbar a paz do país ou que ataquem o soberano.

Hobbes não foi o primeiro a chamar a atenção para os aspectos perigosos da democracia. Na Antiguidade, contrário à democracia era Tucídides e no limiar dos tempos modernos Maquiavel. Ninguém, no entanto, chegou ao extremo de formular uma teoria de despotismo tão abrangente como forma de Estado, como Hobbes.

Muito espaço na obra de Hobbes ocupa, evidentemente, a questão da religião e do seu papel na vida social. Ele foi, ainda em vida, tachado de ateu e os argumentos nesse sentido eram bons, mas não totalmente convincentes. Hobbes nunca tinha dito que Deus não existia, que todas as crenças religiosas não passavam de impostura ou ilusão. Ele falava muito de Deus, da revelação na Bíblia e do Credo Niceico, mas seus leitores identificavam com facilidade uma certa ironia em seus argumentos e era evidente que para ele a religião era uma questão de Estado, não uma doutrina teológica. Todavia há divergências entre aqueles que tentam interpretar essa parte de sua obra.

Se Deus existe, Ele é um ente material, porque outros não há. Ele não poderia ter criado o mundo do nada, porque isso é contrário às leis da natureza. Parece, no entanto, que Hobbes acreditava que as crenças religiosas são algo que nasce na natureza humana. Portanto a pergunta essencial é a seguinte: o que fazer para evitar que a religião provoque conflitos e guerras, que ela sirva à paz e à segurança? Lucrécio dizia que o medo criou os deuses; Hobbes, por sua vez, dizia que o medo do invisível chama-se religião, quando ela é aceita pelo Estado; quando não é aceita, chama-se superstição. Para os homens, a religião é indispensável. Hobbes, ao contrário de Locke, que era o porta-voz da tolerância religiosa, achava que as religiões levam a guerras. De modo semelhante, como os libertinos franceses e os livre-pensadores, ele é de opinião que em um país bem administrado deve haver apenas uma religião, um só culto, cuja virtude principal residiria justamente no fato de ser um só. A vida religiosa está sob o comando do soberano, a verdade religiosa é aquela proclamada pelo Estado, o resto é superstição ou heresia. O herege é aquele que acredita em coisas contrárias à lei do Estado. Até os tempos de Constantino, os cristãos eram hereges, posteriormente, a Igreja definia quem era herético, e o herege o era com base nessa definição. Qual seria o conteúdo dessa religião do Estado? Para Hobbes todas as sutis distinções teológicas não passavam de malabarismos linguísticos. Ele dizia também que devemos enfrentar os dogmas religiosos como se enfrenta uma pílula amarga prescrita pelo médico: deve-se engolir sem mastigar. Todavia ele afirmava que o cristianismo nos conduzia à seguinte verdade: Jesus é o Cristo. Dificilmente saberemos até que ponto ele levava a sério essa verdade; é certo, no entanto, que, quando se fala de Deus, importa dar-Lhe glória, e quanto à verdade, bem, que isso fique por conta do Estado. No reino de Deus, observa Hobbes, a diferença entre o poder espiritual e o poder temporal não existe. Mas essa diferença também foi abolida em seu Estado. Hobbes era inimigo do clericalismo e, sobretudo, da Igreja de Roma, com suas exigências autoritárias. Cabe ao soberano decidir onde está a verdade. Através dos tempos, todos os construtores do Estado afirmavam fazê-lo em nome de Deus ou de uma revelação. O clero não pode ser independente.

Eis as perguntas que Hobbes nos faz:

É preciso cumprir todos os acordos e todas as promessas, diz Hobbes. Mas, se estou fora do âmbito da lei, se nem o carrasco nem a justiça me ameaçam, teria eu qualquer motivo para cumprir os acordos, quando seria mais vantajoso não os cumprir?

Alguns anarquistas sustentam que se abolíssemos o Estado e o governo os homens viveriam fraternalmente e em paz, ajudando uns aos outros. Hobbes, ao contrário, afirma que haveria uma guerra de todos contra todos, uma catástrofe. Quem está mais próximo da verdade?

Com que meios um déspota pode não somente impor, pelo medo, um culto religioso, mas, além disso, convencer seus súditos de que esse culto prega a verdade, no sentido comum dessa palavra? Será que a história dos tempos modernos confirma que existem meios eficazes para que isso não aconteça?

David Hume
1711-1776

Quando falamos do fenômeno cultural chamado Iluminismo, ou filosofia iluminista, imediatamente nos vem à mente o vocábulo "Razão". A razão foi o grito programático do Iluminismo, a base de sua legitimação e o desafio ao seu tempo. Poucos se preocuparam em definir com precisão esse grito, mas era conhecido, e foi bem claro, o significado negativo e polêmico dessa palavra. A razão era o oposto da autoridade e da tradição, da letargia intelectual e da subjugação da mente. Era um poder que nos mandava examinar tudo criticamente; que nos instava a questionar as superstições, os dogmas e a suposta sabedoria dos antepassados. A famosa sentença latina, citada por Kant, "Ouse ser sábio" ou "Ouse usar a sua mente" resumia como um brado de guerra o espírito da época.

David Hume talvez tenha sido o mais excelso e o mais elegante expoente do pensamento iluminista, em sua estrita expressão filosófica. Ele se fazia perguntas herdadas da tradição: o que sabemos com certeza e o que apenas parece que sabemos? Quais são os limites do saber humano? De onde se originam as superstições? Podemos confiar na religião? Em caso afirmativo, em que sentido?

Quando Hume pondera sobre a efetividade do nosso conhecimento, ele parte de premissas semelhantes às de Locke, mas de modo mais radical. A fonte do nosso conhecimento são as impressões dos sentidos, ou seja, impressões sensoriais, mas também as nossas emoções e paixões: nós vemos ou ouvimos algo, amamos ou desejamos algo. As impressões ocorrem no singular e de modo imediato, mas nos valemos de julgamentos gerais quando queremos expressar certas semelhanças entre elas. Somente as palavras têm sentido geral, não as coisas, ou as ideias, ou as impressões. Ao lado das impressões temos ideias; em suas formas simples elas não passam de cópias pálidas das impressões, mas associando-as, fazendo combinações e comparando-as, podemos descobrir as relações entre elas. Essas relações que existem em nossa mente podem ser reduzidas a três: semelhança, contiguidade no espaço e no tempo e dependência causal.

As impressões e as ideias nos falam de fatos. Além do conhecimento desses fatos, temos ciência também de certas relações entre ideias que a matemática nos sugere. Em matemática não existem fatos. A verdade de que os três ângulos de um triângulo são iguais a dois ângulos retos continuaria sendo verdade mesmo que não houvesse triângulos. Não se trata de uma verdade que conhecemos pela experiência; portanto isso nada nos diz de como o mundo é realmente. Trata-se de um conceito analítico, como Kant o definiu; sua verdade somente pode ser determinada por força do significado de suas palavras.

Mas, passando ao largo dessas verdades, que nada nos dizem sobre como as coisas são de fato, o que podemos depreender do mundo pela experiência? Pelo visto, muito pouco.

Sim, temos impressões que na nossa experiência estão invariavelmente entrelaçadas, como o fogo e o calor, por exemplo. A razão, todavia, não nos pode demonstrar que essa conjunção é constante e regular, que sempre é assim. Para tanto, deveríamos estar convencidos de que a natureza é consistente e invariavelmente opera de modo consequente. Mas como sabê-lo? Somente pelo fato de que algumas coisas que experimentamos, como o fogo e o calor, sempre ocorrem concomitantemente; mas deduzir disso que existe uma permanente e invariável conexão entre essas duas experiências ou outra qualquer seria argumentar, ingenuamente, num círculo vicioso.

A mesma situação ocorre sempre que falamos da necessária conexão causal entre fenômenos. Evidentemente, temos inúmeras experiências nas quais um acontecimento, fatalmente, ocorre após o outro; sabemos, por exemplo, que uma pedra, ao soltar-se, cairá no chão em vez de alçar voo para o céu. Mas o que exatamente sabemos? Tão somente que em nossa experiência sempre foi assim. Não podemos sabê-lo *a priori*, não sabemos que isso sempre deve acontecer dessa maneira. Conhecemos apenas os acontecimentos singulares e nossa convicção de que haja conexões necessárias entre eles resulta do hábito e do instinto natural e não da razão. Em outras palavras, não temos o conhecimento da conexão causal, somente conhecemos a sequência dos acontecimentos. Evidentemente, a crença de que essa conexão existe é essencial à vida ordinária e aos assuntos práticos; nossa vida seria muito dura se tivéssemos que contar com a possibilidade de a pedra alçar voo para o céu em vez de cair no chão ou se não soubéssemos que pondo a mão no fogo vamos queimá-la. Todavia não podemos saber que o futuro será igual ao passado; não há certeza de que amanhã o sol vai nascer.

Nossa vida depende do conhecimento das conexões causais e, no entanto, é um conhecimento que nos é vedado. Tudo que sabemos é, inevitavelmente, particular — são impressões individuais. Desconhecemos as leis da natureza para além de nossos próprios hábitos; e não é possível deduzir verdades baseando-se em hábitos. Tampouco temos alguma garantia de que nossas impressões refletem as coisas como elas verdadeiramente são. Não há uma base experimental para distinguir as propriedades primárias das secundárias, como o fizeram Descartes e Locke. Já que as propriedades que vemos e ouvimos são elementos das impressões que temos das coisas e não propriedades das coisas em si mesmas, por que haveria de ser diferente em relação às qualidades como extensão e forma?

Como podemos constatar, os limites dentro dos quais a razão pode manobrar são extremamente estreitos; nem sabemos ao certo para que serve a razão, além de suas tarefas puramente negativas, como eliminar a superstição e as crenças impostas pelas autoridades. Levando em consideração que somente sabemos o que nos dizem as impressões individuais, e que o que pensamos ser conhecimento é simplesmente o resultado do instinto, ou do hábito, a razão revela ser um instrumento pobre e ineficaz. E é assim que Hume a vislumbra e, às vezes, lamenta sua deplorável incompetência.

Ocorrendo isso com nosso conhecimento, podemos imaginar então o que Hume tem a dizer sobre a religião e sobre as verdades da fé, e como ele as descarta em sua totalidade como meras superstições.

Na realidade, o veredicto de Hume em questões religiosas não é, ou pelo menos parece não ser, tão simples. Ele foi acusado de ateísmo e há bons argumentos para reforçar essa acusação. Prudentemente, ele se absteve de publicar seus *Diálogos* relativos à Religião Natural ainda em vida, e, assim, essa obra ficou por muitos anos no fundo de uma gaveta. A leitura dessa obra, como também de outras, leva à confusão, por haver nela tantas ambiguidades, alusões oblíquas e reticências — certamente deliberadas em um autor tão cioso de clareza e precisão. Nos *Diálogos* há três interlocutores, e nem sempre está claro qual deles, e em que momento, fala em nome do autor e se serve de argumentos que ele aprovaria. Aqui, e em outros escritos seus, há argumentos a favor da fé religiosa, mas em outras obras de Hume há também muitos arrazoados que os refutam.

A afirmação de que Deus existe diz respeito a um fato; é evidente, portanto, que não se trata de uma asserção cuja verdade pode ser estabelecida *a priori*. Todavia é possível, ou pelo menos assim parece, argumentar a seu favor com base nas evidências resultantes de fatos. Um desses argumentos se relaciona com a ordem existente no mundo, ou seja, a prova de que um Ser inteligente o criou. Sabemos, todavia, que não podemos argumentar a partir dos efeitos para chegar às supostas causas, tais argumentos jamais seriam válidos, porque não conseguiríamos demonstrar uma conexão causal. E mais: terminaríamos em um círculo vicioso se tentássemos demonstrar que a natureza é governada por leis imutáveis, isto é, que o mundo é ordenado de acordo com certas regras. Além do mais, o filósofo percebe quão imperfeitos são nosso mundo e sua ordem. Poderia então Deus ser um construtor tão inábil? Tampouco podemos fazer inferências sobre sua bondade divina, ou sua justiça, tomando por base qualidades semelhantes em nosso mundo, pois seria difícil descrever o mundo como absoluta e universalmente bom e justo. E se fosse verdade que a ideia de Deus nasce em nós ao potencializarmos *ad infinitum* certas propriedades da mente humana, o resultado desse procedimento nada nos diria sobre a existência de Deus, mas somente nos revelaria a verdadeira fonte da ideia que temos de Deus.

Hume, às vezes, fala da "nossa santa religião"; ele diz também que ela se baseia na fé e que as tentativas de firmá-la através da razão são destrutivas. Mas o leitor fica perdido ao tentar descobrir de onde essa fé provém e em que se baseia: seria pelo dom da graça? E, se é assim, como a graça é distribuída? Às vezes Hume fala respeitosamente da Bíblia, mas sabemos que tanto o Antigo como o Novo Testamento estão repletos de descrições de milagres e de várias formas de intervenção divina, e Hume argumenta enfaticamente que milagres não existem. Os relatos que as pessoas fazem de milagres seriam fidedignos somente, diz ele, se a falsidade desses testemunhos pudesse ser considerada um milagre ainda maior do que o acontecimento que eles descrevem. Mas isso não acontece, e a veracidade de nenhum milagre foi convincentemente comprovada. É significativo, acrescenta, que os testemunhos de milagres provenham de povos bárbaros e incultos.

Quanto à imortalidade da alma, Hume tem um ensaio à parte, que pode nos surpreender. Nele encontramos argumentos contra a imortalidade da alma: se algo é indestrutível e não tem fim, certamente também não pode ter um começo; a alma seria, então, eterna? E, já que os animais pensam e sentem, suas almas também são imortais? A ligação entre o corpo e a alma é também evidente para Hume: os órgãos da alma pertencem ao corpo e, como o corpo, sofrerão a corrupção após a morte. O medo que temos da morte é, na realidade, um bom argumento a favor da mortalidade da alma, e não o contrário: uma vez que a natureza nada faz em vão, argumenta Hume, por que ela teria que inculcar em nós o temor da destruição se esse não fosse de fato o nosso destino? Existem, portanto, inúmeros argumentos contra a imortalidade da alma, sem mencionar quão cruel e injusta é a crença no castigo eterno após a morte pelas nossas transgressões durante nossa pequena e finita vida na Terra. De repente, após essa longa série de argumentos contra a imortalidade da alma, há uma frase surpreendente na qual Hume fala da imensa gratidão que devemos ter para com a Revelação, porque somente ela pode nos dar a certeza dessa grande verdade: a imortalidade. O leitor que até aqui se esforçou para entender o pensamento de Hume somente poderá concluir que essa frase é pesadamente irônica ou que se trata de um recurso, não menos pesado, de recorrer à prudência e à cautela.

A obra de Hume pretendia exaltar a Razão e a Verdade, mas, em vez disso, o que emerge é a imagem de quão inadequada e pobre é a nossa cognição. Não conseguimos alcançar a verdade; somente conhecemos impressões individuais, que nada nos dizem sobre a realidade; nós é que extrapolamos e vamos para além dessas impressões por razões de ordem prática, mas, ao fazer isso, não aumentamos nosso conhecimento sobre a Verdade. Por fim, a Razão se nos afigura bastante fútil; e os comentários ocasionais que Hume faz sobre a ordem natural do universo, sobre os objetivos da natureza, sobre Deus e a Revelação estão em desacordo com a essência de sua filosofia. E dessa maneira, a Razão, que mal acabou de nascer, logo em seguida cometeu suicídio. Muito triste para alguém tão jovem.

Eis algumas perguntas que Hume nos faz:

Toda a nossa vida depende da fé em conexões causais necessárias, mas não há fundamento para tal fé. As impressões individuais, por outro lado, nada nos dizem sobre o mundo. Parece que, segundo Hume, a própria ideia da verdade é uma ficção inútil. Podemos continuar vivendo tranquilamente acreditando que é assim mesmo?

Somente conhecemos nossas impressões individuais. Todavia, até nas frases mais simples nós as ultrapassamos. Na frase "Eu vejo uma árvore", por exemplo, temos a palavra "Eu", que pode, e costuma ser, questionada, temos a palavra "vejo", mas não sabemos até que ponto ela é legítima. Como posso saber se vejo, já que não posso enxergar minha visão? E assim por diante. Poderíamos imaginar uma linguagem que se contentaria em descrever as nossas impressões individuais, sem nada acrescentar?

Os argumentos de Hume contra a religião — a maioria deles já conhecidos de outras fontes — apelam para as características gerais da natureza, do mundo e da razão às quais não poderíamos, legitimamente, apelar dentro da estrutura de sua filosofia?

O texto deste livro foi composto em Sabon,
desenho tipográfico de Jan Tschichold de 1964
baseado nos estudos de Claude Garamond e
Jacques Sabon no século XVI, em corpo 11/16.
Para títulos e destaques, foi utilizada a tipografia
Frutiger, desenhada por Adrian Frutiger em 1975.

A impressão se deu sobre papel off-white 80g/m²
pelo Sistema Cameron da Divisão Gráfica
da Distribuidora Record.

Seja um Leitor Preferencial Record
e receba informações sobre nossos lançamentos.
Escreva para
RP Record
Caixa Postal 23.052
Rio de Janeiro, RJ – CEP 20922-970
dando seu nome e endereço
e tenha acesso a nossas ofertas especiais.

Válido somente no Brasil.

Ou visite a nossa *home page*:
http://www.record.com.br